Edeltraut Freigang

Lebenszeit und Lebensraumgestaltung

Werkstattheft für Helferberufe in der Pflege

1. Auflage

Bestellnummer 40082

Bildungsverlag EINS

Haben Sie Anregungen oder Kritikpunkte zu diesem Produkt?
Dann senden Sie eine E-Mail an 40082@bv-1.de
Autorin und Verlag freuen sich auf Ihre Rückmeldung.

www.bildungsverlag1.de

Bildungsverlag EINS GmbH
Sieglarer Straße 2, 53842 Troisdorf

ISBN 978-3-427-**40082**-0

Inhaltsverzeichnis

Vorwort

Zu diesem Arbeitsbuch

Wer schon einmal eine Werkstatt besucht hat, sei es bei einem Schreiner, Töpfer, Glaser oder einem anderen Handwerker wird erlebt haben, dass dieser Ort ein Arbeitsplatz mit unterschiedlichen Werkstationen ist. Da gibt es den Lagerplatz für Roh- und Ausgangsmaterial, verschiedene Stationen der Fertigung und schließlich das Endergebnis. Für die einzelnen Stationen sind unterschiedliche handwerkliche Fähigkeiten und Techniken wichtig und entsprechende Werkzeuge nötig.
So ähnlich ist es mit dem vorliegenden Arbeitsbuch auch.

Es bietet einen „Arbeitsplatz", an dem etwas entsteht, wachsen und sich entwickeln kann, deshalb kann der Eindruck entstehen, dass manche Seite nicht fertig oder vollständig ist. In den einzelnen Lernbereichen erhalten Sie „Handwerkszeug", in Form von Basiswissen und angebotenen Übungsmöglichkeiten, dieses Wissen anzuwenden und zu erweitern. Mit unterschiedlichen Methoden können Sie sich alleine, paarweise oder in der Gruppe erproben. In den einzelnen Übungssituationen werden Sie mit Fallbeispielen und Lernsituationen arbeiten, die sich immer an dem späteren Berufsbild in der Altenpflegehilfe orientieren. Hierbei kommt der praktischen Umsetzung besonderes Gewicht zu.
Ein anderer wichtiger Aspekt der inhaltlichen Auseinandersetzung ist die Reflektion der eigenen, ganz persönlichen Standpunkte. Es geht darüber hinaus immer um das Verstehen älterer Menschen vor dem Hintergrund ihrer Lebensgeschichte und darum, das eigene Handeln entsprechend an diesem Verständnis auszurichten.

An dieser Stelle gilt mein Dank all den Schülern, die durch ihre konstruktiven Rückmeldungen dieses Buch erst möglich gemacht haben. Es hat wirklich Spaß gemacht, mit ihnen zu arbeiten und diese Freude wünsche ich allen, die sich nun mit dem vorliegenden Lernangebot auf den Weg begeben wollen. Danken möchte ich auch den Kollegen und Kolleginnen, die mich ermutigt haben, das erarbeitete Material nicht in die Schublade zu legen und nicht zuletzt danke ich meiner Familie, die viele Stunden auf mich verzichtet hat, damit ich am Schreibtisch arbeiten konnte.

Edeltraut Freigang
Oktober 2008

1 Lebenszeit und Lebensraumgestaltung

1.1 Basiswissen: Begriffsklärung

Zeit ist ein abstrakter Begriff und in allen Kulturen haben Menschen versucht, mit dem Zeitbegriff eine Verbindung zwischen Vergangenheit, Gegenwart und Zukunft herzustellen und begreiflich zu machen. Mithilfe von Kalendern und Uhren ist das auch weitestgehend gelungen. So werden Jahre in Wochen und Tage, Tage in Stunden und diese in Minuten und Sekunden geteilt. Seine Wurzeln hat als das im Beobachten der Natur, im Lauf der Sonne und dem Wechsel der Jahreszeiten. Naturvölker orientieren sich noch heute daran.

Als Lebenszeit wird der Rahmen bezeichnet, der jedem Menschen zwischen Geburt und Tod zur Verfügung steht. Dieser Zeitrahmen wird in einzelne Abschnitte eingeteilt, in Kindheit und Jugend, in junges und mittleres Erwachsenenalter. Weiter wird von gereiftem Alter gesprochen, von Senioren und noch später von Hochbetagten und Greisen. In diesen Zeitabschnitten gehören Menschen verschiedenen Lebensräumen an: der Familie, dem Kindergarten, der Schule und danach dem Lebensraum Arbeitsplatz und Beruf. Vielleicht ergänzt und erweitert jemand seine „Räume" in Vereinen und Verbänden. Demnach ist ein Lebensraum immer ein Ort und eine Gemeinschaft, zu der ein Mensch gehört oder sich zugehörig fühlt.

Die Zeit und die Lebensräume, die das Leben begleiten und ausmachen, gestalten die meisten Menschen überwiegend aktiv mit, wenngleich sich niemand z. B. seine Familie aussuchen kann und nicht jeder mit Begeisterung in die Schule geht, zumal in unserem Kulturkreis die Schulpflicht besteht. Im späteren Leben sind allerdings viele Entscheidungsmöglichkeiten gegeben: für einen Beruf, für Partner und Freunde, für Freizeit, Hobbys und Interessen, je nach Neigung und Begabung und mancher orientiert sich schon in Kindertagen daran. Der eine liebt Musik, der andere Kunst, Literatur oder Schauspiel. Wer sich gerne bewegt, findet Freude im Tanz oder einem Sport. Wieder andere engagieren sich für soziale Belange oder sind politisch aktiv.

Lebensgestaltung meint allgemein, wie ein Mensch seine Zeit mit Inhalt füllt, welche Aufgaben und Pflichten er hat oder freiwillig übernimmt und was ihn interessiert und ihm Freude bereitet. Im Detail wird Lebensgestaltung sichtbar darin, wie jemand sein Zuhause einrichtet, sich kleidet, was er gerne isst, welcher Tagesablauf sein Leben begleitet, was er liest, wohin er reist und vieles mehr.

Lernziel

Der Unterricht, der mit dem Begriff „Lebenszeit- und Lebensraumgestaltung" bezeichnet wird, versteht sich als Lernfeld, das Informationen über die Lebenssituation älterer Menschen vermittelt und Wissen und Fertigkeiten zu deren Unterstützung außerhalb der Pflege anbietet, damit ein älterer Mensch den Lebensabschnitt, in dem er sich befindet, möglichst aktiv mitgestalten kann. Es geht darum, mit den noch vorhanden Fähigkeiten eines älteren Menschen, egal wie gering sie sein mögen, den Geist und den Körper anzuregen. Das kann über Musik und Spiel genauso geschehen, wie über Bewegung und Kreativität. Immer geht es darum, an Vergangenes anzuknüpfen, Fähigkeiten zu erhalten, zu fördern, vielleicht auch neu anzuregen und bei Grenzen zu unterstützen, um dabei zu helfen, mit Veränderungen umzugehen und zurecht zu kommen.

All das trägt neben der pflegenden Fürsorge dazu bei, dass ein älterer Mensch seinen letzten Lebensabschnitt in Würde leben kann.

1.2 Lebenszeit – meine Zeit

Im folgenden Arbeitsabschnitt geht es darum, sich die aktuelle Lebenssituation bewusst zu machen. Dieser Ansatz ist eine wesentliche Voraussetzung, um auch über das eigene Altwerden nachzudenken. Das Bedenken der eigenen Wünsche und Bedürfnisse ist unerlässlich, um eine verständnisvolle Haltung gegenüber anderen Menschen zu entwickeln.

Arbeitsauftrag:

1. *Im nachfolgenden Rahmen finden sie eine Linie mit einer Länge von 10 cm, die Sie bitte im Zentimeterabstand in gleich große Teile unterteilen. Jeder Teil steht für ein Lebensjahrzehnt von 0 bis 100 Jahre.*
2. *Tragen Sie Ihr eigenes Alter und das Ihrer Eltern, Großeltern und Freunde farbig ein.*
3. *Nun zeichnen Sie einen Bogen über diese Linie, der bei 0 beginnt und bei 100 endet und etwa in der Mitte seinen Höhepunkt haben sollte.*

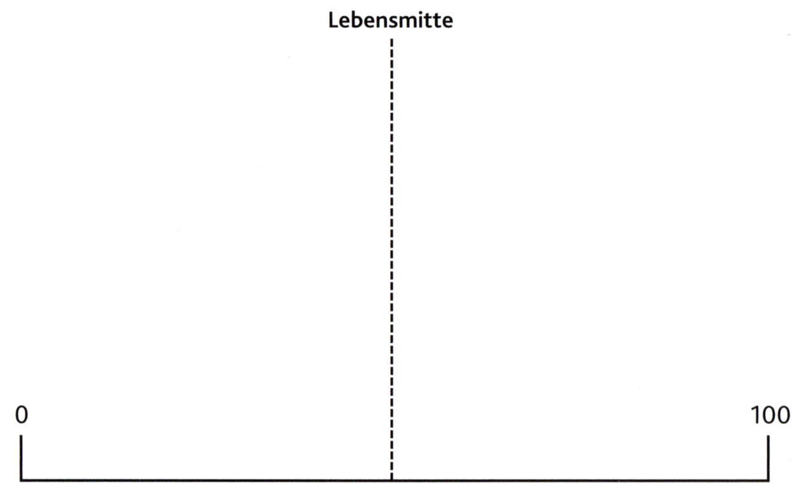

Lebenszeitstrahl

4. *Markieren Sie farbig die eben genannten Lebenszeitabschnitte.*
5. *In welchem Lebenszeitabschnitt befinden Sie sich selber?*
6. *Tauschen Sie sich anschließend im Gespräch mit Ihren Mitschülern darüber aus, was die so genannte Lebensmitte bedeutet und was gemeint ist, wenn von Lebenserwartung gesprochen wird.*

1.3 Lebensraumpuzzle

Aus dem am Anfang dieses Kapitels aufgeführten Basiswissen lässt sich für den Bereich Lebensraum das Bild eines Puzzles ableiten. Dieses Bild ist insofern hilfreich, weil es deutlich macht, dass bei einem Puzzle kein Teil für sich allein steht. Die einzelnen Teile greifen ineinander und so entsteht aus vielen Teilen ein Ganzes. Jedes einzelne Teil steht für einen Lebensraum, zu dem wir gehören, wie z. B. Familie, die Arbeitsstelle, Freunde usw. Mit dem nachfolgenden Arbeitsauftrag sollen die verschiedenen Lebensräume, in denen ein Mensch leben kann, sichtbar gemacht werden.

Arbeitsauftrag:

1. *Denken Sie bitte darüber nach, zu welchen Lebensräume Sie gehören und wie die einzelnen Lebensräume miteinander verbunden sind.*
2. *Tragen Sie „Ihre Lebensräume" in die vorgezeichneten Puzzleteile ein.*
3. *Falls die Anzahl der Teile nicht reicht, zeichnen sie freihändig welche hinzu.*
4. *Den für Sie wichtigsten Lebensraum zeichnen Sie bitte rot, den zweitplatzierten blau, den an der dritten Stelle gelb.*
5. *Welcher Lebensraum ist für Ihre berufliche Zukunft jetzt und nach der Ausbildung wichtig?*
6. *Auf welchen Lebensraum möchten Sie im Alter auf keinen Fall verzichten?*

Altwerden

Ein Rätsel aus dem Volksmund lautet: Jeder will es werden, keiner will es wirklich sein? Die Lösung ist: alt. Es bedeutet, dass jeder Mensch gerne lange leben möchte, vielleicht auch viel erleben will, aber es bedeutet auch, dass die Umstände, die das Altwerden mit sich bringt, nicht besonders willkommen sind. Wer ist begeistert, wenn es um die so genannten Gebrechen des Alters geht, vielleicht mit großen körperlichen Einschränkungen und Schmerzen. Für einen Beruf in der Altenhilfe ist die Auseinandersetzung mit dem eigenen Altwerden grundlegend.

Arbeitsauftrag:

1. *Schreiben Sie in der nachfolgenden Tabelle bitte auf, wie Sie heute leben und Ihre Zeit verbringen und wie Sie im Alter gerne leben möchten.*

Lebensraum	Wie gestalten Sie Ihr Leben heute?	Wie möchten Sie im Alter leben?

2. *Was fällt Ihnen auf und welche Schlüsse ziehen Sie daraus?*
3. *Formulieren Sie das für Sie Wichtigste in einem Satz und schreiben es auf ein postkartengroßes, farbiges Blatt Papier, das Sie auf einem vorbereiteten Plakatkarton oder der Klassentafel anbringen.*
4. *Diskutieren Sie in der Klassengemeinschaft, wie sich Ihre Bedürfnisse im Alter mit der Lebenswirklichkeit älterer Menschen in unsere Gesellschaft decken.*
5. *Welche Konsequenzen sehen Sie darin für Ihr späteres berufliches Handeln?*
6. *Schreiben Sie zur **Ergebnissicherung** Ihre Erkenntnisse ins nachfolgende Merkfeld.*

Ergebnissicherung:

1.4 Fallbeispielgeschichte: Ottokar und Brigitte F.

Ottokar und Brigitte F., beide 1941 geboren, leben in einem kleinen oberfränkischen Dorf und sind seit über 40 Jahren verheiratet. Kennengelernt haben sie sich auf einer Silvesterfeier im Dorfgasthaus. Brigitte kommt aus einer sehr großen Familie und ist die Älteste von zehn Geschwistern.

Sie hat die Oberrealschule besucht (heute Gymnasium) und dann in Nördlingen eine Fachschule für Handarbeit und Hauswirtschaft absolviert. Ihre pädagogische Ausbildung hat sie in München abgeschlossen, um danach Lehrerin für Handarbeit und Hauswirtschaft zu werden. Sie hat diese Zeit sehr genossen, weil sie erstmals von zu Hause fort konnte. Auch nach ihrer Heirat und der Geburt der beiden Söhne war sie berufstätig, bis sie 1977 an Brustkrebs erkrankte. Sie ist sehr froh und dankbar, dass sie diese schwere Erkrankung überstanden hat, aber in den geliebten Beruf konnte sie danach nicht mehr zurückgehen. Es kam die Zeit, wo die Gebrechlichkeit der Schwiegereltern zunahm und Brigitte hat beide bis zu deren Tod versorgt und gepflegt. Es war für sie ganz selbstverständlich, diese Verantwortung zu übernehmen, denn sie und Ottokar haben von Anfang ihrer Ehe an in Ottokars Elternhaus mitgewohnt. Die Liebe zur Handarbeit und dem Kochen ist ihr geblieben und seit 1969 betreibt sie Gymnastik im Sportverein und teilweise hat sie die Gruppe auch geleitet.

Ottokar und Brigitte F.

Ottokar ist Einzelkind und hat schon immer in dem Dorf gelebt, in dem die beiden auch heute noch wohnen. Er ist dort zur Schule gegangen, hat im Nachbarort eine Lehre zum Feuerungsmaurer (Ofenbauer in der Keramikindustrie) hinter sich gebracht und in der

Firma gearbeitet, in der auch schon sein Vater eine Arbeitsstelle hatte. Später hat er die Meisterprüfung im Fliesenleger- und im Maurerhandwerk abgelegt, hat einen Lehrauftrag an einer Berufsschule wahrgenommen, über das so genannte „Telekolleg" sein Fachabitur nachgemacht und bis zu seinem Ruhestand die überbetriebliche Ausbildung von Lehrlingen bei der Handwerkskammer verantwortet.

Ottokar hat seit seinem 14. Lebensjahr Fußball gespielt, bis er ca. 45 Jahre alt war. Sportlich aktiv ist er immer noch. Im Sommer 2007 ist er mit seinem Jugendfreund, den er schon aus Kindertagen kennt, mit Fahrrad und Zelt zum Bodensee aufgebrochen.

Als die beiden Söhne noch klein waren, sind sie in den Ferien meist in Gewerkschaftsheime gefahren und in Deutschland geblieben. Brigitte hat immer vom Meer geträumt und vor einigen Jahren ging dieser Traum auch in Erfüllung. Als besondere Erlebnisse empfinden die beiden ihre Reisen nach Kambodscha und nach Kenia. In beiden Fällen haben sie Nichten und Neffen besucht, die dort aus beruflichen Gründen leben. Ottokar war sogar ein zweites Mal zu einem Arbeitseinsatz in Kenia. Er hat auf einer Missionsstation geholfen, auf der eine der Nichten lebt. Diese Reise hat wesentlich dazu beigetragen, dass Ottokar und Brigitte in einem afrikanischen Kirchenchor mitsingen und Kisuaheli gelernt haben. Überhaupt fühlen sie sich der Kirche und dem christlichen Glauben sehr verbunden. Es hat ihnen immer geholfen, einander zu vergeben und auch in schweren Zeiten zusammen zu halten. So singen die zwei im Kirchenchor mit und Brigitte engagiert sich in einer Kleiderkammer für bedürftige Menschen im Marienverein, während Ottokar hilft, wo er gebraucht wird. Das gilt für Arbeiten am Sportheim genauso wie für Umbauten bei der Feuerwehr, der er 25 Jahre lang aktiv angehört hat. Zurzeit unterstützt er die Renovierung des alten Pfarrhauses im Dorf und wenn er mal nichts zu tun hat, „findet sich immer etwas", wie er sagt. Die beiden lieben die Gartenarbeit und teilen sich die Aufgaben im Haushalt. Er ist für das Einkaufen und Geschirrabwaschen zuständig und sie kümmert sich um die Wäsche und das Kochen. Geputzt wird gemeinsam.

Ihre ganz große Freude sind zwei Enkelkinder im Alter von 10 und 13 Jahren. Wenn sie in den Ferien zu Besuch kommen ist immer etwas los und sie unternehmen viel zusammen. Die Familie ist Brigitte und Ottokar sehr wichtig. Brigitte freut es sehr, dass sich ihr Mann auf ihre große Familie eingelassen hat und einmal im Jahr gibt es mit allen ein Treffen.

Manchmal merken sie schon, dass die Kräfte weniger werden. Ottokar schmerzen berufsbedingt die Knie und der Rücken, Brigitte zittern manchmal die Hände, aber beide wollen auch das Altwerden so nehmen wie es kommt und Brigitte meint: „Dann machen wir eben langsamer."

Arbeitsauftrag (dieser Arbeitsauftrag ist auch als Leistungsnachweis geeignet):

1. *Erörtern Sie im Unterrichtsgespräch, welche Lebensräume das Leben von Ottokar und Brigitte F. begleiten.*
2. *Wo haben sie gemeinsame, wo getrennte Lebensräume?*
3. *Was macht ihnen besondere Freude?*
4. *Wie gestalten sie ihr Leben?*
5. *Was fällt ihnen schwer?*
6. *Was wünschen sie sich, wovor fürchten sie sich?*

Bitte schreiben Sie die wichtigsten Daten und Fakten anhand des Textes dazu auf und überlegen Sie, welche Aufgaben in der Altenhilfe mit Blick auf die Fallbeispielgeschichte auf Sie zukommen könnten.

Fazit

„Der Mensch wird so alt, wie er gelebt hat“, sagt der Volksmund. Doch wie jemand seinen letzten Lebensabschnitt gestaltet, hängt von sehr unterschiedlichen Faktoren und unterschiedlichen Schwerpunkten ab. Die Lebensgestaltung im Alter wird mitbestimmt durch:

- Erziehung und Prägung
- Meinungen und Lebenseinstellungen
- Beruf und Arbeit
- Lebenserfahrung und Schicksalsschläge
- Religion und Kultur
- Interessen
- Gesundheit

Merksatz

Ein älterer Mensch sollte in der Gesamtheit seiner Lebensgeschichte wahrgenommen und mit Respekt vor seiner Lebensleistung behandelt werden.

Literaturhinweis:

Berga, Joachim; Brumberger, Norbert; Schöfberger, Jakob: Glaubens- und Lebensfragen, Ethik in der Altenpflegeausbildung, Troisdorf, Bildungsverlag EINS, 2002.

2 Wohn- und Betreuungsformen im Alter

2.1 Basiswissen: veränderte Lebensumstände

alter Baum

Früher gehörten ältere Menschen ganz selbstverständlich zur Familie. Sie lebten mit ihren Kindern und Enkeln zusammen oder zumindest in deren Nähe und wurden in der Regel auch bis zu ihrem Lebensende betreut und versorgt. Besonders in der ländlichen Bevölkerung war das so genannte „Altenteil", d. h. eine kleine Extrawohnung, manchmal ein kleines Haus, aber auf jeden Fall die „eigene Stube" der vertraute Weg, alt werden zu können. Wenn die Betreuungsbedürftigkeit eines älteren Menschen stieg, haben meistens direkte Familienangehörige die Versorgung übernommen, da sie selbst wirtschaftlich durch das gemeinsame Einkommen abgesichert waren. Heute haben sich die Lebensverhältnisse sehr verändert und es ist nicht mehr der Regelfall, dass Großeltern, Kinder und Enkel beieinander wohnen. Oft sind es berufliche Herausforderungen der jüngeren Generation, die einen Wohnortwechsel nach sich ziehen und nicht immer können oder wollen die beteiligten älteren Menschen mitgehen. Auch die Tatsache, dass immer mehr Menschen in so genannten Singlehaushalten leben, trägt zu diesen gravierenden Veränderungen bei. Wer für seinen eigenen Lebensunterhalt sorgen muss, kann sich in der Regel nicht oder nur bedingt um ein betreuungsbedürftiges Elternteil kümmern.

Es sprengt den Rahmen diese Arbeitsbuches, den großen Wandel der letzten fünfzig Jahre in unserem Land zu berücksichtigen. Der Blick auf die veränderten Familienverhältnisse nimmt nur einen Teilbereich heraus, um die Wahrnehmung für die Einschnitte im Leben älterer Menschen zu schärfen. Ein Sprichwort sagt: „Alte Bäume soll man nicht verpflanzen" und meint damit das Leben älterer Menschen. Unter dem Gesichtspunkt der vielschichtigen Umbrüche in unserer Gesellschaft, in der Lebensführung und der Arbeitswelt muss diese Weisheit neu bedacht werden, denn auch die Lebensbedingungen von Senioren haben sich entscheidend verändert. Der Bedarf an Fürsorge im Alter muss neu organisiert werden. Nicht zuletzt trägt auch die gestiegene Lebenserwartung dazu bei, dass seniorengerechtes Leben und Wohnen eine neue Form braucht.

Lernziel

Die Kenntnis der verschiedenen Wohn-, Betreuungs- und Versorgungsformen für ältere Menschen ist eine wichtige Voraussetzung dafür sich über die möglichen beruflichen Handlungsfelder in der Altenhilfe einen Überblick zu verschaffen. Die Vor- und Nachteile der einzelnen Lebensformen abzuwägen, soll helfen, den eigenen Standort klarer zu formulieren, sowohl in der Vorstellung, als Senior selbst betroffen zu sein, als auch als Mitarbeiter, um sein „Wunscharbeitsfeld" zu finden.

2.2 Eigenständiges Leben und Wohnen

Die Verantwortung für das eigene Leben zu übernehmen, sich zu organisieren, soziale Beziehungen zu pflegen und den Anforderungen des Alltags gewachsen zu sein, gilt in allen Altersstufen als Messlatte für ein selbstbestimmtes Leben. Mit zunehmendem Alter hängt das Maß der Eigenständigkeit extrem von der geistigen und körperlichen Gesundheit ab.

Die eigene Wohnung

In den „eigenen vier Wänden" richtet sich auch ein älterer Mensch nach seinen Bedürfnissen ein. Das kann die Wohnung sein, in der er schon seit vielen Jahren lebt, in der Nähe von Verwandten und Freunden. Es kann die Mietwohnung oder das Eigenheim mit Garten sein, die Einliegerwohnung im Hause der Kinder genauso wie das kleine Appartment im Wohnblock gegenüber, weil nach dem Tod des Lebenspartners die gemeinsame Bleibe vielleicht zu groß geworden ist.

Essen auf Rädern

Hierbei handelt es sich um eine Versorgungsform, die nicht nur ältere Menschen in Anspruch nehmen können. Sie wird von unterschiedlichen Organisationen angeboten und eignet sich für alle, die nicht für sich alleine kochen wollen oder können. Bei älteren Menschen sichert dieser Service die regelmäßige Nahrungsaufnahme.

Offene Unterstützungsformen

Im Laufe der letzten Jahre hat sich aufgrund der gestiegenen Zahl von alleinlebenden älteren Menschen auch das Angebot an vielfältigen Unterstützungsangeboten erweitert. Diese reichen von einem Einkaufs- und Reinigungsservice über Begleitungsangebote für Arzt- und Behördengänge bis zu Besuchsangeboten, die den Senioren Gemeinschaft in der eigenen Wohnung anbieten, wenn die Mobilität nicht mehr so groß ist, dass jemand an Unterhaltungs- und Freizeitangeboten außer Haus teilnehmen kann.

Betreutes Wohnen

Betreutes Wohnen ist eine Lebensform, die seit einigen Jahren zunehmendes Interesse findet. In vielen Städten unseres Landes wird diese Wohnform in eigens dafür errichteten Häusern angeboten. In der Regel ziehen die Senioren in eine auf ihre Bedürfnisse zugeschnittene Wohnung, ohne auf die Eigenständigkeit, die sie vorher empfunden haben, verzichten zu müssen. Darüber hinaus werden sie im Betreuungsfall versorgt und können auch unter Pflegebedingungen in ihrem vertrauten Umfeld bleiben.

2.3 Versorgtes Leben und Wohnen

Wenn sich die geistige und/oder körperliche Gesundheit eines älteren Menschen entscheidend verändert, werden versorgende Betreuungsformen wichtig. Diese orientieren sich am Maß der Einschränkung und Hilfsbedürftigkeit.

Sozialstation

Hierbei handelt es sich um einen mobilen Pflege- und Betreuungsdienst. Er übernimmt in Teilbereichen die Versorgung älterer Menschen, die zwar noch alleine leben, aber manche Aufgaben nicht mehr bewältigen können, wie z. B. das regelmäßige Bad oder die morgendliche Toilette. Die Mitarbeiter einer Sozialstation unterstützen aber auch Familien, die einen Angehörigen pflegen, wenn der medizinische Anspruch eine Fachkraft erfordert.

Kurzeitpflege

Kurzzeitpflege ist eine „teilstationäre" Betreuungsform für Senioren, die nicht mehr allein bleiben können, wenn die betreuenden Angehörigen z. B. in den Erholungsurlaub möchten und es niemanden gibt, der die Versorgung übernehmen könnte. Auch ein anstehender Krankenhausaufenthalt der Pflegeperson kann ein Grund sein, Kurzzeitpflege in Anspruch zu nehmen. Sie entlastet die Betreuenden für einige Wochen, ist aber immer eine vorübergehende Maßnahme.

Alten- und Pflegeheim

Je nach gesundheitlichem Zustand ist diese Wohnform eine Art „Rundumversorgung" für ältere Menschen, der auch die völlige Pflegebedürftigkeit mit einschließt. Der Schritt von der eigenen Wohnung in die Obhut eines Alten- und Pflegeheim ist für die meisten Senioren ein tiefgreifender Einschnitt, der einerseits von den Ängsten und Sorgen bei der Bewältigung des Alltags entlastet, andererseits das Eintreten in eine unerwünschte Abhängigkeit mit sich bringt.

2.4 Neue Wohn- und Lebenskonzepte

Alle neuen Wohn- und Lebensformen versuchen, den veränderten Lebensumständen und Lebensbedürfnissen Rechnung zu tragen. Sie wollen älteren Menschen solange es geht die Teilhabe am Leben ermöglichen. Die neuen Wohnformen sind aber auch ein Versuch, den steigenden Kosten entgegenzuwirken, die vor allem in Alten- und Pflegeheimen hoch sind.

Tagesstätte

Hierbei handelt es sich um ein ähnliches Konzept wie bei Kindern. Die älteren Menschen leben in ihren Wohnungen oder bei ihren Familien und werden tagsüber in einer speziellen Einrichtung betreut oder gefördert. Wobei dem Erleben von Gemeinschaft eine besondere Bedeutung zukommt. Diese Betreuungsform setzt allerdings ein hohes Maß an Mobilität bei dem zu Betreuenden voraus.

Mehrgenerationenhaus

Diese Begegnungs- und Lebensform kennt zwei Varianten. Die eine ist eine Art offener Treff, wo sich Menschen aus allen Altersgruppen begegnen, einander unterstützen und helfen oder ihre Freizeit teilen. Die alleinerziehende Mutter weiß ihr Kind bei der sonst einsamen älteren Dame in guter Obhut. Die andere Form des Mehrgenerationenhauses ist das Leben unter einem Dach. Menschen verschiedenen Alters und unterschiedlicher Lebensumstände entscheiden sich bewusst dafür, miteinander z. B. einen Wohnblock zu beziehen und auch füreinander dazusein.

Wohngemeinschaften älterer Menschen

Wohngemeinschaften mit Senioren sind eine relativ neue Form des Zusammenlebens. In der Regel entsteht so eine Lebensgemeinschaft auf dem Hintergrund von Freundschaft, Vertrautheit und dem Teilen gemeinsamer Interessen und wird noch in einem gesundheitlich guten Zustand entschieden. Entweder lebt jeder in seiner eigenen Wohnung, also einer Art „Haus-WG" oder die Teilnehmer teilen Gemeinschaftsräume und behalten das eigene Zimmer als Rückzugsmöglichkeit.

Den möglichen Pflegefall regeln die Mitbewohner eigenständig. Entweder sie sorgen füreinander, so weit es geht oder ziehen je nach wirtschaftlichen Möglichkeiten und Vereinbarung andere Hilfsdienste hinzu.

Arbeitsauftrag:

1. *Welche Wohn- und Betreuungsformen für Senioren sind Ihnen bekannt?*
2. *Mit welchen haben Sie schon einmal, z. B. durch ein Praktikum, persönliche Erfahrungen gemacht?*
3. *Organisieren Sie bitte mit Ihren Mitschülern einzelne Arbeitsgruppen und finden Sie heraus, welche der oben aufgeführten Wohn-, Betreuungs- und Versorgungsformen es in Ihrer Stadt oder Gemeinde gibt.*
4. *Tragen Sie Ihre Ergebnisse zusammen und stellen Sie diese in der nächsten Unterrichtseinheit vor.*
5. *Halten Sie die wichtigsten Sach- und Fachinformationen im nachfolgenden Merkfeld fest.*

Ergebnissicherung:

2.5 Fallbeispielgeschichte: Das Gesangbuch

Der Großvater

Ein Arbeitszimmer für einen Umzug vorzubereiten, ist eine echte Herausforderung, besonders für einen Sammler wie mich. Die Entscheidung Entsorgen oder Einpacken fiel mir bei vielen kleinen Dingen sehr schwer und hatte mich schon viel Zeit gekostet. Gerade hatte ich einen Stoß Bücher aus dem Regal genommen, da klappte ein kleines Buch mit schwarzem Deckel nach vorne, das offensichtlich hinter die aufgereihten Exemplare gerutscht war. Ich nahm es, befreite es vom Staub, und als meine Hand über den leicht verbrannten Buchrücken fuhr, war es, als berührte sie eine vernarbte Wunde in meinem Leben und alles, was ich mit diesem Buch verband, war wieder gegenwärtig. Ich erinnerte mich genau an den warmen Frühsommertag, als ich mittags aus der Schule nach Hause kam und mein erster Gang mich, wie immer, zu Großvaters Zimmer führte. Niemals werde ich das Gefühl völliger Fassungslosigkeit vergessen, als ich statt meines Opas einen leergeräumten Raum vorfand. Keiner hatte mir ein Wort gesagt. Ich konnte mir überhaupt nicht vorstellen, dass Großvater mich vergessen hatte und ohne Abschied gegangen war. Gesprochen wurde in meiner Familie zwar viel, aber nicht über Gefühle und ich hatte gelernt, dass ein Junge tapfer zu sein hatte und nicht weint. So würgte ich beim Mittagessen meine Tränen mitsamt den Pellkartoffeln und dem Quark hinunter und wagte nicht, nach Opas Verbleiben zu fragen. Mutters Auskünfte waren ohnehin meist knapp und bei Vater musste man den richtigen Zeitpunkt erwischen. Ich wartete zur Feierabendzeit am Gartentor auf ihn und erfuhr, dass Großvater zu Tante Ruth, Vaters jüngster Schwester, gezogen war. Sie wohnte mit ihrer Familie in einem Bergdorf, weit außerhalb unserer kleinen Stadt. Jeder wusste, dass sie mit ihrem winzigen Hof und ihren Schafen, von denen sie lebten, die ärmsten unserer zahlreichen Verwandten waren. Wo sollte dort Platz sein für Opa? Bei uns hatte Großvater ein eigenes Zimmer, mit einem Fenster „zur Morgensonne", wie er sagte und ich fand, dass unser Siedlungshaus groß genug war für meine Eltern, meine vier älteren Geschwister und Opa.

Das Siedlungshaus

An jenem Abend lag ich lange wach. Als alle im Hause schliefen, schlich ich in das leere Zimmer und weinte bitterlich. Opa war der Inbegriff meines damals achtjährigen Lebens. Es gab nichts, was wir nicht teilten. Mit wem sollte ich jetzt Tomaten und Kürbisse pflanzen, unsere Hühner und Küken versorgen, Blaubeeren und Steinpilze suchen? Mutter würde keine Kürbissuppe mit Rahm für mich kochen. Außerdem hatten wir begonnen, ein Baumhaus zu bauen, das noch nicht fertig war. Alleine würde ich das nicht schaffen. Wer würde nun mit Opa die alten Kirchenlieder singen, aus dem kleinen schwarzen Buch mit dem angebrannten Buchrücken? Er hatte das Buch seinen Erzählungen nach aus einem Kriegsfeuer gerettet. Manche Texte verstand ich nicht, aber ich fand, es klang schön, wenn Opa Bass sang und ich so etwas Ähnliches wie die Melodiestimme. Niemals mehr würden wir zusammen in seinem großen roten Ohrensessel am Fenster sitzen und Geschichten lesen.
Mein Schmerz war grenzenlos.

In den darauffolgenden Wochen versuchte ich, den Grund für Großvaters Auszug zu erfahren, aber alle wichen meinen Fragen aus. Ich spürte, dass ich irgendetwas nicht erfahren sollte. So entschloss ich mich, Opa selbst zu fragen und hoffte auf eine Möglichkeit, zu ihm zu kommen. Der Wandertag kurz vor den Sommerferien war die Gelegenheit und ich marschierte mit meinem Rucksack nicht zum Treffpunkt Schule, sondern in die entgegengesetzte Richtung, stadtauswärts. Ich kannte den Weg. Oft war ich ihn mit Opa oder Vater gelaufen, aber jetzt schien er mir endlos. Als ich endlich von weitem die Mühle sehen konnte, die dem kleinen Ort Mühlenbrink ihren Namen gab, lief ich nur noch querfeldein, um über die Weiden und Hügel möglichst schnell an mein Ziel zu gelangen. Auf der letzten Anhöhe konnte ich Großvater vor Tante Ruths Haus erkennen. Ich hielt einen Moment inne, um durchzuschnaufen, aber dann rief ich aus Leibeskräften nach ihm. Nie werde ich vergessen, wie er mir winkend entgegen kam und mich fest in den Arm nahm. Tante Ruth war verärgert und brach noch am Nachmittag auf, um meine Eltern zu benachrichtigen. Zwei Tage später kam Vater, um mich zu holen. Er war sonderbar ernst, schimpfte aber nicht und hatte sehr viel mit Opa zu besprechen. Ich verstand nicht alles, worum es ging, aber ich begriff, dass Mutter der Grund für Großvaters Auszug war, was meinen Kummer nicht kleiner machte.
Nach diesem Ereignis gab es eine Vereinbarung. Einmal im Monat kam Großvater für zwei Tage zu Besuch und wohnte dann in seinem alten Zimmer. Mutter hatte daraus ein Gästezimmer gemacht, das meist ungenutzt war. So konnten Großvater und ich das Baumhaus fertig bauen und hatten einander immer viel zu erzählen, wenn er kam. Bis er eines Tages, drei Jahre später im Herbst, nicht mehr kam. Richtig begriff ich Opas Tod erst, als Tante Ruth mir nach der Beerdigung ein kleines, geschnürtes Päckchen übergab. „Das hat Opa noch für dich gepackt," sagte sie. In ihm war das alte Gesangbuch und zwischen den Seiten seines Lieblingsliedes lag ein Kuvert mit einer Briefkarte: „Ich habe dich niemals vergessen! Der Geldschein wird für deinen Herzenswunsch reichen. Großvater."
Viele Jahre sind seitdem vergangen und die Armbanduhr, die ich von dem Geld bekam, habe ich noch, auch wenn sie nicht mehr funktioniert.

Meine Frau kam mit Kaffee ins Zimmer, sah mich und das Buch, blickte sich kurz im Zimmer um, legte von hinten einen Arm um meinen Hals und fragte: „Und du bist sicher, dass du das hier bis nächste Woche schaffst?" Wir mussten beide schmunzeln, als unsere Blicke sich trafen. „Klar schaffe ich das hier bis nächste Woche!", bemühte ich mich überzeugend zu antworten. Sie kannte mich gut und wusste, wie oft ich mich im Detail verlor. Vielleicht sollte ich besser sie die Bücher einpacken lassen.

Arbeitsauftrag:

1. *In welchem Jahrzehnt des vergangenen Jahrhunderts vermuten Sie die Geschichte?*
2. *Können Sie einen Zusammenhang zwischen der oben genannten Volksweisheit, einen alten Baum nicht zu verpflanzen und der Erzählung entdecken?*
3. *Löst die Geschichte bei Ihnen Gefühle aus? Wenn ja welche?*
4. *Wie hätten Sie als mit einbezogene Fachkraft gehandelt und entschieden?*
5. *Welche anderen Wohn- und Betreuungsformen wären auch damals eine Alternative zum Wegzug des Großvaters gewesen?*
6. *Diskutieren Sie Ihre Eindrücke und Einstellungen im Unterrichtsgespräch?*
7. *Zu welchem Ergebnis kommen Sie?*

Ergebnissicherung:

Fazit

Je eigenständiger ein älterer Mensch ist, um so selbstbestimmter kann er leben. Er entscheidet und verantwortet sein Tun und Lassen. Jede Fremdbestimmung schränkt die Befriedigung der eigenen Bedürfnisse ein. Wie lange ein Mensch eigenständig leben kann, hängt ab von:

- seiner geistigen und körperlichen Mobilität
- dem möglichen Maß an Hilfeleistungen und Unterstützung
- einem sozialen Netzwerk
- dem eigenen Lebensmut
- finanzieller Unabhängigkeit

Merksatz

Auch im Alter sollte ein Mensch, so lange es geht, ein selbstbestimmtes Leben führen können, egal wie hilfsbedürftig er ist.

Literaturhinweis:

Fussek, Claus; Loerzer, Sven: Alt und abgeschoben. Der Pflegenotstand und die Würde des Menschen, Herder Spektrum Band 5862, Basel, Freiburg, Verlag Herder, Wien, 2007.

3 Hilfsmittel und Wohnraumanpassung

3.1 Basisinformation: Hilfsmittelvielfalt

Gesundheitliche Einschränkungen bedeuten immer einen Verlust an Lebensqualität. Je enger die dadurch gesetzten Grenzen werden, um so abhängiger fühlt sich ein Mensch, egal wie alt er ist. Mit geeigneten Hilfsmitteln kann eine größtmögliche Selbstständigkeit und Unabhängigkeit bewahrt oder wieder erreicht werden, die besonders für das Leben von älter werdenden Menschen wichtig ist. Oft sind die Hilfsmittel sehr einfach, die für eine Verbesserung der Lebensumstände sorgen und z. B. den Verbleib eines Seniors in der eigenen Wohnung ermöglichen. Das Spektrum der Anpassungsmöglichkeiten ist sehr groß. Es reicht vom Haltegriff bis zur abgesenkten Dusche, von kleinen Veränderungen im Eingangsbereich bis zum „Notrufgerät" für alle Fälle. Die entstehenden Kosten werden zum Teil von den unterschiedlichen Kostenträgern übernommen, bzw. bezuschusst, weil diese Maßnahmen immer noch kostengünstiger sind, als die Unterbringung in einem Pflegeheim. Bei der Zuordnung der Hilfsmittel wird danach unterschieden, in welchem Bereich sie Verwendung finden und was sie letztlich unterstützen sollen.

Folgende Bereiche werden differenziert:

- Körperpflege,
- Mobilität,
- Ernährung,
- Lagerung von bettlägerigen Menschen.

Lernziel
Die Kenntnis der einzelnen Hilfsmittel, das Wissen um ihre Einsatz- und Anwendungsmöglichkeiten dient der Vorbereitung auf den beruflichen Alltag. Das Erproben schafft Sicherheit im Umgang und das Wagnis der Selbsterfahrung soll sensibel machen für die Befindlichkeiten der zu betreuenden älteren Menschen.

3.1.1 Hilfsmittel und Anwendungsbereiche

Arbeitsauftrag:

1. *Welche Hilfsmittel kennen Sie? Stellen Sie eine Stoffsammlung als Tafelbild zusammen.*
2. *Bitte ordnen Sie die Hilfsmittel anschließend in der unten angebotenen Übersicht den Verwendungsbereichen zu.*

Verwendungsbereich Körperpflege:	Verwendungsbereich Mobilität:

Verwendungsbereich Ernährung:	Verwendungsbereich Lagerung:

Arbeitsauftrag:

1. *Finden Sie heraus, ob es in Ihrem Ort ein Orthopädiefachgeschäft gibt, das Ihnen erlaubt, sämtlich Hilfsmittel anzuschauen oder ein Zentrum für Orthopädietechnik, das eine Informationsveranstaltung dazu anbietet und eventuell Demonstration und Selbsterfahrung mit Rollstühlen erlaubt.*
2. *Wenn ja, dann sollte jeder Mitschüler im Rollstuhl selbst fahren, gefahren werden und einen anderen Mitschüler fahren.*
3. *Reflektieren Sie Ihre Eindrücke und halten Sie das Erlebte in der Ergebnissicherung fest. Es ist wichtig zur Vorbereitung für den nächsten Arbeitsabschnitt in diesem Kapitel.*

Ergebnissicherung:

Durch seine Fliesenlegertätigkeit hat Ottokar F. (siehe Fallbeispielgeschichte, Seite 11) ernste Knieprobleme und eine Operation ist unerlässlich. Der Eingriff verläuft komplikationsfrei, der Körper nimmt das neue Kniegelenk gut an und zur Stabilisierung des Genesungsprozesses soll ein Aufenthalt in einer Rehabilitationsklinik folgen. Das lehnt Ottokar ab und geht auf eigene Verantwortung nach Hause, weil er meint: „Zuhause wird man am Besten gesund." Außerdem hofft er auf die Unterstützung seiner Frau Brigitte. Drei Tage später knickt Brigitte auf der Kellertreppe um, stürzt sehr unglücklich und zieht sich einen komplizierten Ellenbogenbruch zu.

Arbeitsauftrag:

1. *Was ist an der Entscheidung von Ottokar bedenklich?*
2. *Welche geeigneten Hilfsmittel sind in der Situation für beide nötig und angemessen?*
3. *Welche anderen Unterstützungsmöglichkeiten gibt es für diese Umstände noch?*
4. *Was würden Sie als beruflich Handelnder raten?*
5. *Halten Sie Ihre Vorschläge fest.*

Ergebnissicherung:

Fazit

- Die Zahl der Hilfsmittel ist groß.
- Nahezu jedes persönliche Bedürfnis kann berücksichtigt werden.
- Durch Hilfsmittel kann Lebensqualität erhalten oder zurückgewonnen werden.
- Es gibt unterschiedliche Kostenträger und Erstattungsmöglichkeiten.

Merksatz

Die Präsentation von Hilfsmitteln sollte so sensibel erfolgen, dass ein älterer Mensch sie wirklich als Unterstützung erleben kann und nicht als Sichtbarmachung seiner Grenzen.

3.1.2 Besonderheit Rollstuhl

Der Rollstuhl stellt im Angebot der Hilfsmittel im Leben von älteren Menschen eine Besonderheit dar, weshalb ihm in diesem Abschnitt mehr Aufmerksamkeit geschenkt wird als anderen Hilfsmitteln. Die Erfahrung im Umgang mit Senioren lehrt, dass ein Rollstuhl für sie extreme Abhängigkeit bedeutet. Sie fühlen sich im Rollstuhl häufig ausgeliefert und verunsichert und benötigen Zeit, um annehmen zu können, dass ein Rollstuhl dennoch einen Mobilitätsgewinn bedeutet. Das Angebot an Rollstühlen ist vielfältig und orientiert sich am gesundheitlichen Bedarf und den noch vorhandenen Fähigkeiten des Seniors. Es gibt den klassischen Schieberollstuhl, der hier näher betrachtet werden soll, einmal mit starrer Konstruktion oder mit Falttechnik. Weiter sind die Rollstühle für Bad und Toilette zu nennen, ferner Liegerollstühle und Multifunktionsrollstühle für besondere Formen der Einschränkung und schließlich den Elektrorollstuhl.

Lernziel

Der Mitarbeiter in der Altenhilfe hat beim Umgang mit einem Schieberollstuhlstuhl für die Sicherheit des älteren Menschen beim Transport zu sorgen. Diese Sicherheit lässt sich durch Kenntnis von Funktion und Handhabung erlernen, durch das Wissen um Gefahrenquellen und den vertrauensvollen Umgang mit dem zu Betreuenden selbst.

Funktion und Handhabung

Wer mit einem Rollstuhl umgeht, sollte die wichtigsten Funktionen kennen und sicher in der Handhabung sein. Die nachfolgende Zeichnung gibt einen Überblick über die wichtigsten Bauteile und macht auch gleichzeitig die Aufgaben der einzelnen Teile deutlich. Wirklich wichtig ist, dass ein Rollstuhl intakt ist. Bewegliche Teile, wie z. B. herausnehmbare Seitenteile oder abnehmbare Fußplatten, müssen in ihren Sicherungsmöglichkeiten unbedingt in Ordnung sein, weil jedes mögliche Unglück in diesem Zusammenhang rechtliche Folgen haben kann. Am Schiebegriff wird ein Rollstuhl geschoben, auf das Auftrittsrohr tritt der Schiebende, wenn der Rollstuhl nach hinten gekippt werden muss. Die Seitenteile können herausgenommen werden, wenn ein Patient z. B. vom Bett auf den Rollstuhl hinüberrutschen soll. Die Fußplatten werden zum Einstieg von vorne hochgeklappt, weil der Rollstuhl nach vorne kippen würde, wenn der Patient auf sie tritt, um einzusteigen. Wichtig ist die Funktionstüchtigkeit der Bremse. Sie muss immer festgestellt werden, wenn der Rollstuhl mit Patient „geparkt" wird. Das vordere kleine Lenkrad muss im gekippten Zustand des Rollstuhls immer frei beweglich sein. Jede Schwergängigkeit macht auch den Schiebevorgang und damit den Transport mühsamer.

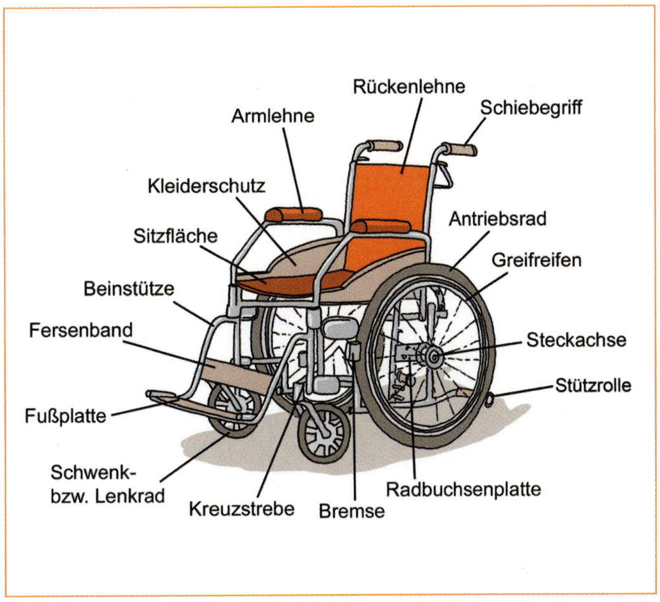

Gefahren

Mögliche Gefahren ergeben sich, wie schon genannt, zum einen aus dem technischen Zustand des Rollstuhls und zum anderen aus Gefahrenquellen auf dem Weg selbst. Ein guter Rollstuhl hat einen Sicherheitsgurt. Unebene Wegstrecken, abschüssige Straßen und auch das Fahren an Abgründen bedeuten besondere Gefahren. Auch eine ungleichmäßige Belastung (die Füße stehen nur auf einer Fußplatte, der Rollstuhl ist zu groß und der Patient sitzt mehr auf einer Seite) kann gefährlich werden, weil der Rollstuhl dann umkippen kann. Ein Rollstuhl, der bei einem Manöver zu weit nach hinten gekippt wird, womöglich über die Stützrolle hinaus, kann ebenfalls kippen.

Vertrauensvoller Umgang

Um dem älteren Menschen beim Transport im Rollstuhl wirklich Sicherheit zu geben, ist das Gespräch sehr wichtig. Immer sollte der Betreuer sagen, was er tut oder vorhat zu tun. Ist z. B. eine Hindernis besonders hoch, ist es nötig, anzukündigen, dass der Rollstuhl jetzt sehr weit nach hinten gekippt werden muss. Jede plötzliche Aktionen ohne einen Kommentar macht dem älteren Menschen Angst. Niemand will wie ein „Möbelstück" durch die Gegend geschoben werden. Auch eine normale Kommunikation, die Interesse am Befinden des Patienten oder älteren Menschen bekundet, sollte möglich sein.

Arbeitsauftrag:

1. *Organisieren Sie einen Rollstuhl, entweder aus dem Pflegebereich Ihrer Schule oder greifen Sie auf die oben erwähnte Möglichkeit zurück, in einem Fachgeschäft einen Rollstuhl auszuleihen.*
2. *Bauen Sie nach den beschriebenen Fragestellungen einen Parcours innerhalb Ihres Schulhauses oder Schulgeländes auf (vorhandene Treppe nutzen, Schräge, schmaler Gang, Tür, Bordsteinkante). Achten Sie auf Ihre eigene Sicherheit.*
3. *Ein Mitschüler sollte die Patientenrolle übernehmen (mit einem Körpergewicht von ca. 60 kg).*
4. *Jeder sollte diesen Parcours befahren und beherrschen.*

Dieser Parcours dient als Übungsvorlage für einen praktischen benoteten Leitungsnachweis.

Neben der Aufgabenstellung sollten Sie noch bedenken, dass die Kommunikation mit dem „Patienten" berücksichtigt wird. Sie arbeiten im Rollenspiel in einer Lernsituation, wobei der Patient entscheidet, wo sie miteinander „hinfahren". Es kann der Frisörbesuch sein, der Gang zum Friedhof oder zum Einkauf. Wird der Parcours in der Situation des Leistungsnachweises abgefahren, werden Sie von Ihrer Lehrkraft schweigend begleitet und bewertet. Um eine möglichst wirklichkeitsnahe Situation zu haben, sind Rückfragen und Hilfestellungen nicht erlaubt, denn im beruflichen Alltag müssen Sie auch allein zurecht kommen.

Vorbedingung für das Durchführen des Leistungsnachweises sind das Verständnis des Schülers für die Aufgabenstellung und die Punktevergabe:

Erwartungshorizont/Wissenhintergrund

Die Schüler sind umfassend informiert über die Funktionen eines Rollstuhls und besitzen Hintergrundwissen zur Sicherheit des Patienten und der Sicherheit des Pflegepersonals. Die möglichen Schwierigkeiten und Gefahrenquellen, die im Alltag mit einem Rollstuhl entstehen können, wurden intensiv besprochen. Bei einem praktischen Übungstag (ausgelagerter Unterricht) konnten die Schüler die unterschiedlichen Aufgabenstellungen erproben.

Aufgabenstellung

1. Die Schüler arbeiten in einer Lernsituation.
   Sie bekommen die fünf Parcoursstationen erklärt (siehe Arbeitsauftrag Nr. 2).

2. Die Schüler sollen mit dem „Patienten"
   a) eine normale Unterhaltung führen, denn sie kennen einander und
   b) dem Patienten sagen, was sie tun.

3. Die Schüler sollten nach der Aufgabenstellung in der Lage sein, ohne Hilfe oder Tipps den Parcours eigenständig zu bewältigen.

Die Punktevergabe

Die Punktevergabe richtet sich zum einen an die zu erledigende Aufgabe und zum anderen an die Fähigkeit, zu kommunizieren. 0 Punkte erhält, wer die geforderte Leistung nicht erbracht hat. Eine mit Mängeln behaftete, aber doch erbrachte Leistung erhält zwei Punkte und jeweils vier Punkte sind erreicht, wenn die Aufgabe gelöst ist. Die Summe der Punkte ergibt sich aus dem Angabenblatt.

Praktischer Leistungsnachweis

im Fach Lebenszeit- und Lebensraumgestaltung

Der „symbolische" Rollstuhlführerschein

Datum: ______________________ Klasse: ______________________

Name: ____

Punkte:	**0**	**2**	**4**	**Bemerkungen:**
1. Aufgabe (bitte wählen Sie zwischen a) und b)): a) Transportieren Sie einen Patienten im Rollstuhl über eine 2- bis 3-stufige Treppe. Erklären Sie dem zu Betreuenden immer, was Sie tun.				
b) Sollte der Patient zu schwer für Sie sein, bitten Sie einen „Passanten" um Hilfe und sagen Sie ihm, wo und wie er helfen kann.				
Kommunikationspunkte:				
2. Aufgabe: Bitte schieben Sie den Rollstuhl mit ihrem Patienten vorwärts eine schiefe Ebene hinunter.				
Kommunikationspunkte:				
3. Aufgabe: Schieben Sie den Rollstuhl langsam durch einen schmalen Gang und achten Sie bitte auf die Ellenbogen des Patienten.				
Kommunikationspunkte:				
4. Aufgabe: Fahren Sie den Rollstuhl rückwärts durch eine zu öffnende Tür. Wenn Sie durch sind, schließen Sie die Tür und fahren vorwärts wieder heraus.				
Kommunikationspunkte:				
5. Aufgabe: Bewegen Sie den Rollstuhl mit Patient einen Absatz („Bürgersteig") vorwärts hinauf und auch vorwärts wieder hinunter.				
Kommunikationspunkte:				

Note 1	Note 2	Note 3	Note 4	Note 5	Note 6
40–37 Punkte	36–32 Punkte	31–27 Punkte	26–20 Punkte	19–12 Punkte	11–0 Punkte

Punktzahl: ______________________ **Note:** ______________________

3.2 Sicherheit durch barrierefreies Wohnen

Jeder Mensch ist anders, hat andere Bedürfnisse und auch der Prozess des Älterwerdens läuft unterschiedlich ab. Von daher ist auch der Anspruch an Wohnqualität in jedem Altersabschnitt anders. Was in jungen Jahren gut und angemessen war, kann je nach Einschränkung mit zunehmendem Alter hinderlich, schwierig und belastend werden. Es verbessert entscheidend die Lebensqualität, erhält Selbstständigkeit und selbstbestimmtes Leben, wenn eine Wohnung oder ein Haus alters- und behindertengerecht umgestaltet wird. Oft sind es einfache Lösungen, die ein Zuhause seniorengerecht machen. In der Fachsprache wird dann von „barrierefreiem Wohnen" gesprochen.

In Deutschland gibt es die Bundesarbeitsgemeinschaft für Wohnraumanpassung mit Sitz in Berlin, die entsprechendes Informationsmaterial herausgibt. Auch kommunale Beratungsstellen halten Checklisten bereit, mit deren Hilfe sich überprüfen lässt, ob eine Wohnung seniorengerecht ist und wenn nicht, welche Abhilfen möglich sind.

Bei Kranken- und Pflegekassen, bei Sozialämtern und kommunalen Wohnungsbauförderstellen können Informationen zur Kostenübernahme oder Erstattung bzw. Bezuschussung von Maßnahmen eingeholt werden.

Lernziel

Jedes Zimmer hat eine Funktion und Aufgabe, mit der es dem Bewohner dient. Wenn sich die Lebensumstände verändern, muss überprüft werden, ob Funktionalität und notweniger Anspruch noch zusammen passen. Um barrierefreies Wohnen zu verstehen, ist die Schulung der Wahrnehmung wichtig, damit die Gefahren in einer nicht umgerüsteten Wohnung erkannt werden. Weiter ist es nötig, die geeigneten Mittel und Möglichkeiten zu kennen, die für Abhilfe sorgen können. Ziel ist der geschulte Blick auf Gefahrenquellen in einer Wohnung.

3.2.1 Anpassungsmöglichkeiten

Wohnung allgemein:

- gute Beleuchtung in allen Räumen (Grundbeleuchtung dient der Orientierung, Platzbeleuchtung unterstützt die Augen, Stimmungslicht schafft Atmosphäre)
- herumliegende Kabel verlegen oder zusammenbinden
- Türschwellen entfernen oder durch verklebte Holzteile sicher machen
- Klemmen für Gehhilfen anbringen
- eventuell Türen verbreitern
- Fußböden rutschhemmend und befahrbar machen (z. B. Kork, Parkett, Linoleum, textiler Belag mit kurzem Flor)
- halbhohe Möbel sollten zum Abstützen geeignet sein
- Das Waschen und Trocknen von Wäsche sollte in der Wohnung möglich sein
- Kontrastreiche Lichtschalter und Türgriffe montieren
- Orientierungspunkte und Sitz- und Ausruhmöglichkeiten schaffen

Küche:

- Arbeitsfläche mit Sitzgelegenheit schaffen
- Arbeitsfläche gegebenenfalls auch mit Rollstuhl unterfahrbar machen
- gut erreichbare Schränke einrichten (Schubwagen statt „Kriechschränke")
- Einhebelmischer mit Griffschlaufe und Schlauchbrause anbringen
- geeigneter Essplatz

Toilette und Bad:

- Tür sollte nach außen anschlagen
- rutschige Läufer entfernen
- Spiegel möglichst gleich über dem Waschbeckenrand befestigen
- kleinen Seitenspiegel anbringen
- Hocker oder Stuhl zum Waschen im Sitzen und einen zum Ablegen von Kleidung bereitstellen
- Toilettensitzerhöhung montieren
- Badewanne mit rutschfester Einlage oder Lifter ausstatten
- Haltegriffe an Wanne und Toilette anbringen
- leicht bedienbare Armaturen anbringen lassen
- optimal ist eine abgesenkte Dusche mit rutschfestem Boden, Haltegriffen und festem Klapphocker (ist nicht überall möglich und kostenaufwendig)

Flur:

- Fußabstreifer darf nicht zu hochflorig und muss rutschfest sein
- Sitzplatz zum Anziehen der Schuhe einrichten
- mögliches Kabelgewirr entfernen (Stolperfallen)
- Garderobe in Griffhöhe anbringen (Rollstuhlfahrer)

Schlafzimmer:

- Bett sollte nach Bedarf von drei Seiten zugänglich sein
- Bett feuchtigkeitsregulierend ausstatten
- Bett mittels Backsteinen oder Hölzern auf 55 cm Höhe bringen
- rutschige Läufer vor dem Bett und auf allen Wegen entfernen oder mit doppelseitigem Klebeband befestigen
- nachts für gute Beleuchtungsmöglichkeit sorgen (Sturzprophylaxe)
- eventuell Notrufsystem installieren
- Inhalt von Schränken ohne Leitern u. ä. zugänglich machen

Wohnzimmer:

- Läufer und Teppiche entfernen oder mit doppelseitigem Klebeband befestigen
- Sitzhöhe des Lieblingssessels auf 55 cm erhöhen
- Wohnzimmertisch sollte 60 bis 70 cm hoch sein
- Fußbank zum Auflegen der Beine erhöht die Bequemlichkeit

- Taschen an der Sessellehne zum Ablegen von Zeitungen, Brille usw. befestigen
- Das Wohnzimmer sollte Platz bieten, um Gäste zu empfangen und
- die Möglichkeit, einem Hobby nachzugehen

Balkon und Terrasse:

- Zugang gegebenenfalls mit einer Rampe versehen
- auf jeden Fall ohne Schwellen gestalten
- Das Gleiche gilt für den Eingangsbereich.
- Ein Tablett kann durch einen Teewagen ersetzt werden.
- Sonnenschutz einrichten

Arbeitsauftrag:

1. *Bilden Sie vier Arbeitsgruppen und skizzieren Sie jeweils auf Millimeterpapier den Grundriss einer Wohnung, die einem sicheren und förderlichen Wohnraum für einen älteren Menschen entgegen kommt.*
2. *Schreiben Sie die für die entsprechenden Bedürfnisse wichtigsten Merkmale mit dazu (siehe Beispiel: Wohnraumskizze).*

Wohnidee für einen Rollstuhlfahrer

Tür elektrisch
Eingang ebenerdig
keine Türschwellen
breite Türen
alles auf Sitzhöhe
elektrisches Bett
breite Terassentür
Schiebetüren

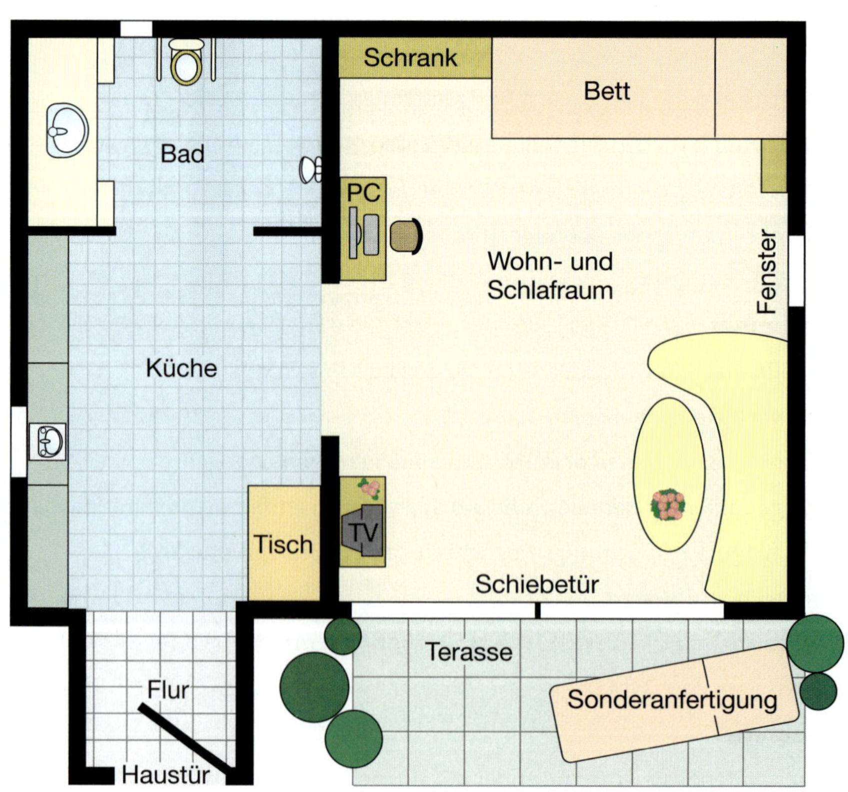

Beispiel für eine Wohnraumskizze

3. *Gestalten Sie bitte ein Balkonzimmer für einen **bettlägerigen** älteren Menschen.*
4. *Gestalten Sie bitte eine 2-Zimmer-Wohnung mit kleiner Küche und Bad für einen **gehbehinderten** älteren Menschen.*
5. *Gestalten Sie bitte ein 1-Zimmer-Appartment mit kleiner Küche und Bad für einen **sehbehinderten** älteren Menschen.*
6. *Für einen **rollstuhlfahrenden** älteren Menschen gestalten Sie bitte eine 2-Zimmer-Wohnung mit Küche und Bad.*
7. *Zu welchem Ergebnis kommen Sie, was fällt Ihnen auf?*
8. *Stellen Sie die Ergebnisse Ihrer Gruppenarbeit vor und im Klassenraum aus, damit alle Mitschüler davon profitieren können.*

Ergebnissicherung:

Fazit

- Jede Wohnung kann den Bedürfnissen eines älteren Menschen angepasst werden.
- Für die Kostenerstattungen oder Zuschüsse gibt es Rechtsgrundlagen.
- Die angepasste Wohnung dient letztlich allen und ist damit ein gesellschaftlicher Beitrag.
- Sie ist langfristig kostengünstiger als der Pflegeheimplatz, es dient auch dem seelischen Wohlbefinden eines älteren Menschen und erhält ihm lange einen Platz innerhalb der Gesellschaft.

Merksatz

Es sollten alle Möglichkeiten ausgeschöpft werden, um die Selbstständigkeit eines älteren Menschen zu erhalten, was in dem Maße gelingt, wie die Wohnverhältnisse der Pflegebedürftigkeit angepasst werden.

Literaturhinweis:

Stolarz, Holger: Wohnungsanpassung – Kleine Maßnahmen mit großer Wirkung, 2. überarbeitete Auflage, Köln, Kuratorium Deutsche Altershilfe, 1998.

4 Förderlicher Wohnraum und förderliches Wohnumfeld

4.1 Basisinformation: Wohnraumgestaltung

Bis jetzt ging es vorrangig um die Sicherheit im Wohnraum und im Wohnumfeld von älteren Menschen, was natürlich zum Wohlbefinden in ihrem Leben beiträgt. Aber die Gestaltung der eigenen „vier Wände" ist über Hilfsmittel und Wohnraumanpassung hinaus ein nicht unwesentlicher, zur Lebensqualität beitragender Faktor. Hier zeigt sich der Lebensstil: in der Art der Einrichtung und Lebensgeschichte, in den vielen kleinen Details und liebgewordenen Erinnerungsstücken, die eine Wohnung schmücken und ihr einen ganz eigenen Charakter geben. Leben hat auch mit Wohnen zu tun und die Redewendung „dem Leben Farbe geben" gilt sowohl im sprichwörtlichen wie im übertragenen Sinn. Wir alle umgeben uns gerne mit Dingen, die uns gefallen und mit denen wir uns wohlfühlen. Mit Farben umzugehen, ist die einfachste Art Räume zu gestalten. Als Mittel bieten sich dabei an: Tapeten oder Wandfarben, Teppichboden oder andere Auslegwaren, Vorhänge, Tischdecke, Kissenbezüge, Lampen und Bilderrahmen. Die Wirkung von Farbe auf unser Leben ist nicht zu unterschätzen. Das gilt auch für ältere Menschen.

Lernziel

Einfaches Grundwissen um Farbe und ihre Wirkung auf das menschliche Leben, kann gezielt zur Förderung und zum Wohlbefinden älterer Menschen eingebracht werden.

4.2 Der Farbkreis nach Johannes Itten

Der nachfolgende Kreis wurde benannt nach dem Maler Johannes Itten, der sich in besonderer Weise mit Farben beschäftigt hat. Er ist eine gute Möglichkeit, sich mit der Zusammensetzung und Entstehung von Farben zu beschäftigen. Im Farbkreis sind alle Farben aufgezeigt, die sich aus den drei Grundfarben, den so genannten „Primärfarben", ergeben. Die Grundfarben liegen in der Mitte des Kreises. Die Mischfarben werden als „Sekundärfarben" bezeichnet und ergeben sich aus der Mischung zweier Grundfarben. Auf dem äußeren Kranz des Farbkreises befinden sich die Grundfarben, die direkten Mischfarben und alle Abstufungen dazwischen, die „Tertiärfarben". Jede Farbe kann durch Weiß aufgehellt und durch Hinzufügen von Schwarz dunkler werden.

Arbeitsauftrag:

1. *Malen Sie die Felder der folgenden Vorlage nach der Farbangabe mit Acrylfarbe aus. Sie können die Arbeit wahlweise auf einem Extrablatt ausführen.*
2. *Versuchen Sie, die angegeben Sekundärfarben wirklich selbst aus den drei Grundfarben zu mischen.*

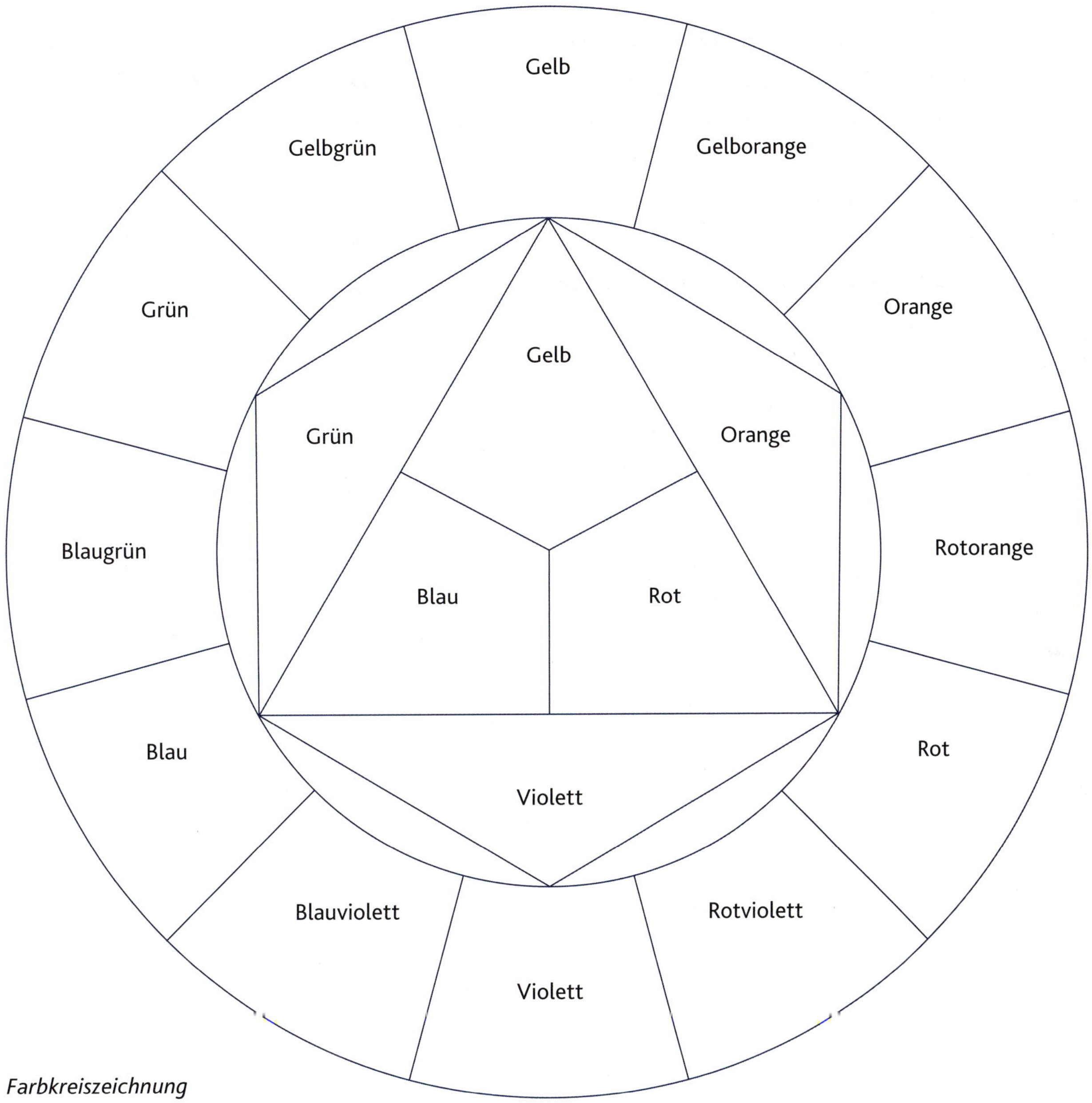

Farbkreiszeichnung

4.3 Farbe und ihre Wirkung

Jede Farbe wirkt erst einmal für sich allein und darüber hinaus beeinflussen Farben sich auch gegenseitig. Durch ein verändertes Umfeld wirkt eine Farbe anders auf uns, mal heller, leuchtender und kräftiger, mal dunkler und zurückhaltender. Farben können einander ergänzen und kontrastieren. So genannte warme Farben haben einen hohen Anteil an Gelb- und Rottönen. Das gilt auch für alle Farbabstufungen und Mischungen, die sich daraus ergeben. Als kalt oder kühl gelten die Farben, bei denen blaue Töne überwiegen. Dunkle Farben machen optisch alles etwas kleiner und enger, während helle Farben für Weite sorgen. Manche Farben haben in unserem Kulturkreis symbolischen Charakter. So steht die Farbe rot im Volksmund als Zeichen für Liebe, blau wird mit Treue in Verbindung gebracht und grün steht für Hoffnung. Es ist hier nicht möglich, auf die ganze Bandbreite von Farben einzugehen, das ist das Privileg eines Kunstunterrichts, aber die wenigen Beispiele machen deutlich, dass Farben etwas

mit Empfindungen und Gefühlen zu tun haben. Oft ist es rational nicht zu begründen, warum ein Mensch eine Lieblingsfarbe wählt, sich in ihr wohlfühlt, egal ob als Bekleidungs- oder Wohnraumfarbe. Viele Menschen verbinden mit Farben auch Erlebnisse in der Natur. Dann ist etwas z. B. „strahlendblau wie der Himmel an einem Sommertag", eine Frühlingswiese zeigt sich in frischem Grün oder ein Sonnenuntergang ist feuerrot.
Alle diese Überlegungen lassen sich bei der Gestaltung von Wohnungen mit einbeziehen.

Arbeitsauftrag:

1. *Malen Sie die unten gezeichneten Grundquadrate (das sind die Kleinen in der Mitte) jeweils in einer Grundfarbe aus und den Rahmen in einer Farbe Ihrer Wahl.*
2. *Vergleichen Sie! Was nehmen sie wahr?*

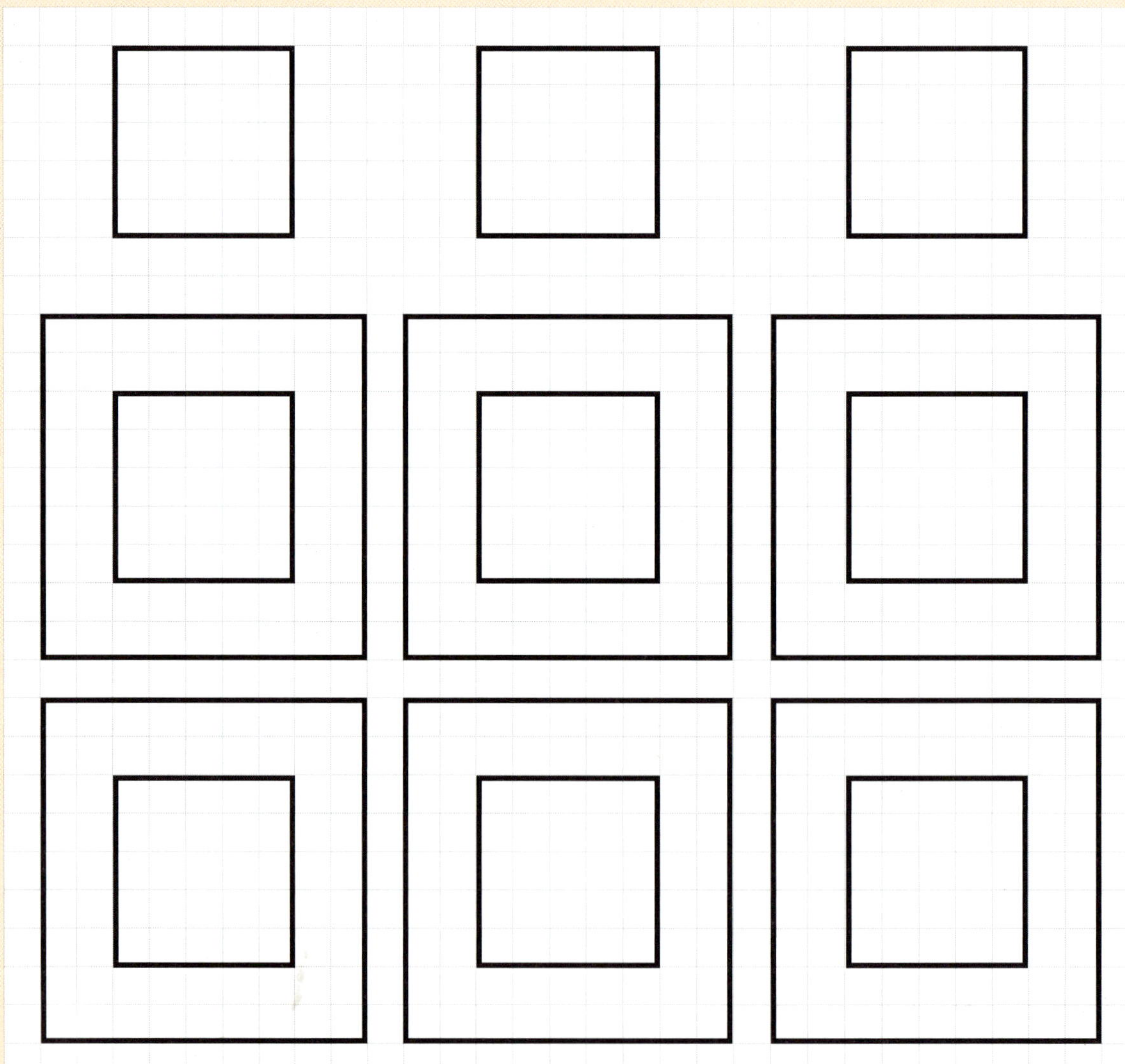

3. *Halten Sie Ihre Entdeckungen in der Ergebnissicherung kurz fest.*

Ergebnissicherung:

4.4 Wohnraumgestaltung

Ottokar und Brigitte F., das Ehepaar aus der Fallbeispielgeschichte im 1. Kapitel, wollen ihr Wohnzimmer und das Esszimmer grundlegend renovieren, aber auf keinen Fall die liebgewordenen Möbel hergeben. Das Wohnzimmer hat eine dunkle Holzdecke und eine beigefarbene Sitzgruppe. Das Esszimmer ist relativ dunkel, da es zur Nordseite liegt und hat eine Tischgruppe mit Glasschrank in dunklem Eichenholz. Brigitte wünscht sich mehr warme Farben und Ottokar will mehr Weite.

Arbeitsauftrag:

1. *Welche Farbvorschläge würden Sie dem Ehepaar für Wand-, Boden- und Deckengestaltung machen?*
2. *Sprechen Sie bitte mit einem Mitschüler ab, wer die unten stehende Wohnraumskizze mit einem Gestaltungsvorschlag mit warmen Farben erarbeitet und wer mit kühlen Farben.*
3. *Vergleichen Sie Ihre Partnerergebnisse. Was stellen Sie fest?*

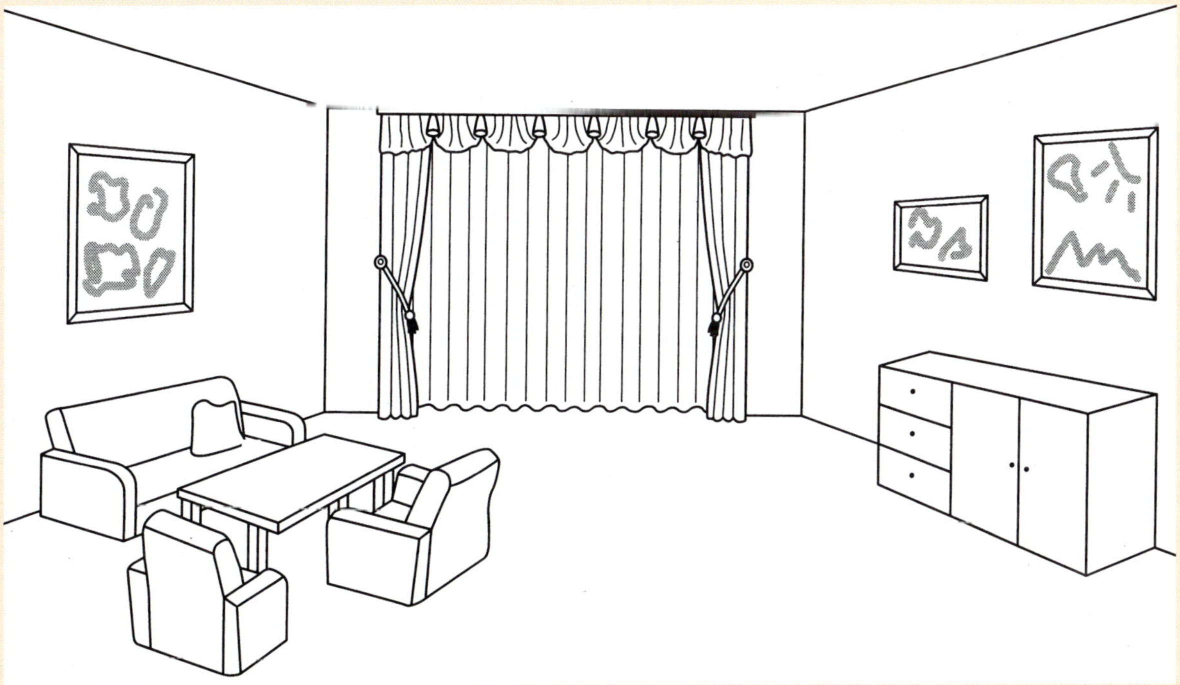

Wohnraumskizze

Fazit

- Es gibt notwendiges Grundwissen zum Thema Farben.
- Der gezielte Einsatz von Farben kann das Befinden von Menschen beeinflussen.
- Farben werden von einem Menschen ganz persönlich und sehr individuell empfunden.
- Im Leben von älteren Menschen sollten Farben so eingesetzt werden, dass sie positive Befindlichkeiten fördern.

Merksatz

Je abhängiger und bedürftiger ein älterer Mensch ist, um so wichtiger wird die Atmosphäre in der er lebt.

Literaturhinweis:

Pleterski, Friederun; Habinger, Renate: Wohnen mit allen Sinnen: Leben im Dialog mit der Natur, Wien, Edition Grüne Erde im Verlag Christian Brandstätter, 1998.

5 Haushalt und Ernährung

5.1 Basiswissen: Haushaltsführung

Die Führung eines Haushaltes wird im Alltag häufig unterschätzt. Die Aufgaben werden als selbstverständlich angesehen und „nebenbei“ erledigt. Dabei gibt es ein paar Grundsätze, die nicht nur den professionellen Rahmen einer Hauswirtschafterin beschreiben, sondern in jedem Haushalt zu berücksichtigen sind. Es geht um die Pflege einer Wohnung, des Hausrats und der Wäsche. Weiter bedeutet es den Einkauf und die Vorratshaltung von Lebensmitteln, die Nahrungszubereitung und Tischkultur. Nicht zuletzt gehören auch der Umgang mit den zur Verfügung stehenden finanziellen Mitteln und deren Aufteilung auf die einzelnen Bereiche zur Haushaltsführung dazu. Diese Gründsätze galten früher genauso wie heute. Was sich verändert hat, sind die Bedingungen, unter denen ein Haushalt geführt wird, weil die Lebensverhältnisse sich gewandelt haben.

Lernziel

Die unterschiedlichen Betreuungsformen für ältere Menschen schließen häufig die Unterstützung bei der Haushaltsführung mit ein. Deshalb sollte ein Mitarbeiter der Altenhilfe über Grundwissen aus dem Bereich Haushalt verfügen, das auch hygienische Standards mit einschließt.

5.1.1 Früher war alles anders

Früher haben sich ausschließlich Frauen um die Versorgung eines Haushalts gekümmert. In gehobenen Gesellschaftsschichten gab es dafür die Haushälterin, der manchmal ein Dienstmädchen oder eine Köchin zugeordnet war. In anderen Verhältnissen war es die Mutter oder Großmutter, die diese Aufgaben übernahm und das notwendige „Handwerkszeug“ wurde immer wieder an die Töchter weitergegeben. Wenn eine Familie es sich finanziell leisten konnte, schickte sie ihre Tochter noch bis in die Mitte der 60er Jahre des 20. Jahrhunderts in eine „Bräuteschule“, um für die Führung eines Haushaltes fit zu sein. Dort kam zu den schon erwähnten Aufgaben einer Haushaltsführung noch das Nähen, Handarbeiten und Pflegen von Kindern hinzu. Diese Zeiten sind vorbei. Durch die zunehmende Technisierung im Haushalt ist die Bewältigung der Aufgaben wesentlich leichter geworden und auch der gesellschaftliche Platz einer Frau beschränkt sich nicht nur auf das Hausfrausein. Um so mehr verdienen ältere Frauen Achtung und Respekt, wenn man sich die Bedingungen, unter denen Haushaltsführung früher geschah, vor Augen führt.

Wohnungs- und Hausratspflege

In manchen Altbauwohnungen gibt es noch Ofenheizung mit einer Vorratshaltung für Holz und Kohle und zwar nicht für die zurzeit modernen Schweden-, Kachel- und Kaminöfen, als zusätzliche Wärmequelle, sondern als Basisheizform. Diese Wohnungen lassen ahnen, was diese Heizform früher bedeutet hat. Es bedeutete täglich Schmutz, Staub und Asche und ergab einen völlig anderen Anspruch an Sauberkeit. Vor allem in den heizintensiven Wintermonaten waren das Tragen von Kohlen, das Wegbringen von Asche und tägliches Putzen durchaus normal.

Älteren Menschen ist in diesem Zusammenhang der Frühjahrsputz noch sehr vertraut, bei dem Teppiche, Matratzen und Federbetten zum Ausklopfen aus der Wohnung geschafft wurden, um den feinen Staub loszuwerden. Holzfußböden wurden mit Bohnerwachs eingerieben, Möbel geölt und mit einfacher Seifenlauge wurde alles behandelt, was feucht abzuwischen ging. Essig war der gängigste Haushaltshelfer für Kalkaberlagerungen und Spülungen jeder Art, weil er Seifenreste bindet. Mit dem Einzug von Heizungssystemen und Teppichböden, Staubsaugern und fest eingebauten, pflegeleichten Möbeln haben sich die Aufgaben verändert.

Körper- und Wäschepflege

Noch vor ca. 35 Jahren konnte man Häuser finden, bei denen die Toilette auf „halber Treppe" lag. Meist war es ein nachträglicher Ein- oder Anbau und wurde von der unteren und der darüber liegenden Wohnpartei gleichermaßen benutzt. Hatte eine Wohnung ein Badezimmer, so war der Heizkessel mit Wasserspeicher, der einmal in der Woche zum Bad angeschürt wurde, die Normalität und nicht die tägliche Dusche. Ähnlich war es mit der Pflege der Wäsche. Üblich war ein großer Waschtag in der Woche, wobei die Wäsche bereits am Vortag eingeweicht wurde. Kochwäsche wurde in einem Kochkessel gestampft, Schmutz mit dem Waschbrett bearbeitet und später die Waschmittelreste in mehreren Wannen mit klarem Wasser, das meist kalt war, ausgespült. Ausgewrungen wurde die Wäsche mit den Händen. Erst die modernen Waschmaschinen haben diese körperlich sehr schwere Arbeit abgelöst. Bis in die Mitte der 1960er Jahre wurde dennoch teilweise „altmodisch" gewaschen, denn nicht jeder hatte, trotz des so genannten Wirtschaftwunders, die finanziellen Mittel um eine Waschmaschine zu kaufen.

Zur Pflege der Wäsche zählte neben den Bügelarbeiten auch das Stopfen und Flicken, was im Zeitalter von preiswerten und pflegeleichten Textilien fast völlig an Bedeutung verloren hat.

Vorratshaltung und Kochen

Wenn es um den Einkauf und die Vorratshaltung von Lebensmitteln geht, dann sind die Umwälzungen der letzten 50 Jahre genauso groß wie bei der persönlichen Hygiene, der Wäschepflege und der Sauberkeit in der Wohnung. Es ist teilweise schwer, sich ein Leben ohne Kühlschrank und Tiefkühltruhe vorzustellen, ohne Supermarkt, in dem zu jeder Jahreszeit alles zu haben ist und ohne Fertigprodukte, die nur erwärmt werden müssen. Der kühle, dunkle Vorratskeller oder die Speisekammer hielten die in Gläsern eingeweckten Obst- und Gemüsesorten parat, genauso wie gepökeltes Fleisch oder geräucherte Fisch- und Wurstwaren. In vielen Familien wurde in der Herbstzeit geschlachtet und der Vorrat musste über den Winter reichen. Schokolade, Kaffee und Tee waren etwas Besonderes und eine Apfelsine oder Banane für Kinder ein Geschenk. Wenn eine Familie gegen Mittag essen wollte, so musste etwa zwei Stunden vorher der Küchenofen geschürt werden, damit das Feuer zum Kochen reichte. Erst Elektroherde und Gasöfen erleichterten die Arbeit, wobei zum Heizen trotzdem noch ein Feuerofen nötig war. Keine Küchenmaschine schnitzelte Gemüse und das ganze anfallende Geschirr vor und nach einer Mahlzeit wurde mit der Hand abgewaschen und abgetrocknet.

Es ist wichtig sich bewusst zu machen, unter welchen Umständen die heute älteren Menschen gelebt haben und wodurch sie geprägt wurden, denn die Erfahrungen in jungen Jahren begleiten und bestimmen jede Generation. Es hilft zu verstehen, warum ein 85-Jähriger vielleicht nicht jeden Tag duschen will, tägliches Wäschewechseln für Verschwendung hält, frisch geräucherte Wurst nur im November liebt, sich über selbst gekochte Marmelade freut und niemals Brot wegwerfen würde, selbst wenn es nicht mehr gut ist.

Brigitte F. hat eine Tante, die in der Nähe von Siegen lebt. Die Dame ist 93 Jahre alt und lebt noch alleine in ihrer Wohnung. Einmal in der Woche kommt eine junge Frau und macht die Räume sauber, aber die Tante ist nicht ganz zufrieden, denn das „neumodische Putzzeug riecht nicht gut," wie sie sagt. Außerdem sind die Fenster mit dem Mittel aus der Sprühflasche „ganz streifig". Als Brigitte nach ihrem Sturz wieder gesund ist, fährt sie die Tante besuchen und erfüllt ihr den Wunsch, die Dielenbretter und Fenster so zu putzen „wie früher".

Arbeitsauftrag:

1. *Was tut sie wohl und was wissen Sie über Putz-, Reinigungs- und Pflegemittel von früher?*
2. *Welche stehen heute zur Verfügung und wofür?*
3. *Kennen Sie alte und moderne Textilfasern?*
4. *Was wissen Sie über ihre Pflege?*
5. *Erarbeiten Sie gemeinsam mit Ihren Mitschülern, was Sie dazu wissen und halten Sie die Ergebnissicherung in der unteren Tabelle fest.*

Putz-, Reinigungs- und Pflegemittel von früher:	Putz-, Reinigungs- und Pflegemittel von heute:
Alte Textilfasern und ihre Pflege:	**Neue Textilfasern und ihre Pflege:**

5.1.2 Unterstützung eines älteren Menschen bei der Haushaltsführung

Aus den vorausgegangen Ausführungen ergibt sich, dass ein älterer Mensch in seiner Haushaltsführung unter Umständen gemäß seiner Prägung sehr eigensinnig sein kann. Das erfordert von allen große Einfühlsamkeit, wenn es um Hilfeleistungen und Unterstützung geht. Es hängt von der gesundheitlichen Einschränkung ab, welche Hilfen und Unterstützungsmaßnahmen nötig sind. Aber auf keinen Fall sollte ein älterer Mensch in seiner Wohnung „verkommen", womit meist die hygienischen Verhältnisse gemeint sind. Um dem entgegen zu wirken, können entweder die Abläufe im Haushalt vereinfacht werden (wenn der ältere Mensch sich noch alleine kümmert), oder einzelne Bereiche können teilweise oder ganz von anderen übernommen werden. Eine Vereinfachung könnte z. B. die Anschaffung einer Spülmaschine sein, die es auch für kleine Haushalte gibt oder der Einkauf von kleineren Lebensmittelportionen, damit nicht übriggebliebene Essensreste verderben und so die Gesundheit gefährden.

Entlastungs- und Unterstützungsangebote

- Es kann ein Speise- und Kochplan für eine Woche erstellt werden, mit dem dazugehörenden Einkaufzettel, wenn ein älterer Mensch noch selbst kochen möchte und der Service von „Essen auf Rädern" keine Option darstellt.
- Eine Einkaufhilfe oder jemand für andere Botengänge ist hilfreich, wenn ein Senior nicht mehr gut „zu Fuß" ist.
- Eine wöchentliche Putzhilfe, die im entsprechenden Rahmen auch die Bettwäsche wechselt und Fenster und Gardinen reinigt.
- Die Pflege der Wäsche kann ebenfalls von außen übernommen werden. Entweder in der Wohnung des älteren Menschen, wenn eine Waschmaschine vorhanden ist oder die Wäsche wird abgeholt und komplett fertig wieder geliefert.
- Große Aktionen wie z. B. das Renovieren von Räumen sollten von Senioren auf keinen Fall selbst übernommen werden. Auch sollte ein älterer Mensch im Frühjahr im Garten keinen Baumausschnitt mehr tätigen, die Unfallgefahren sind viel zu groß. Bei diesen Arbeiten können Familienangehörige helfen, vielleicht ist auch Nachbarschaftshilfe möglich oder aber sie werden von einem Profi übernommen.
- Es können einzelne Teile der Haushaltsbetreuung herausgenommen werden oder eine Haushaltshilfe kommt an einem Tag in der Woche und übernimmt die komplette Grundversorgung, wie Saubermachen, Wäsche versorgen, Essensplan erstellen und Einkauf erledigen. Das hängt allerdings von den finanziellen Möglichkeiten des älteren Menschen ab.

5.1.3 Ältere Menschen und Hygiene

Der Begriff Hygiene kommt aus der griechischen Sprache und meint jede Form von Gesundheitsvorsorge. In der Betreuung von älteren Menschen bedeutet Hygiene zweierlei. Einmal ist die Gesundheitsvorsorge für den zu Betreuenden gemeint und zum anderen für den pflegenden Mitarbeiter. In einer Einrichtung, in der viele Menschen betreut und gepflegt werden, sollten Desinfektion, Mund- und Handschutz je nach Aufgabenstellung selbstverständlich sein. In der Regel obliegt die Versorgung mit Lebensmitteln einem professionellen Küchenbetrieb, der sich an die Standards des Gesundheitsamtes zu halten hat. Besondere Achtsamkeit ist geboten, wenn sich bakterielle Infektionen oder Viren verbreiten und bei Salmonellengefahr, durch Unsauberkeit im Umgang mit Fleischprodukten.

Im Blick auf Haushalt und Ernährung bei älteren Menschen in ihrem häuslichen Umfeld haben die oben genannten Maßnahmen grundsätzlich auch Gütigkeit, aber in einem anderen Maß. Es geht einfach um saubere Verhältnisse in Küche und Bad und um hygienische Verhältnisse beim Umgang mit Lebensmitteln. Moderne Vorratshaltung und Konservierungsmittel haben zwar die Haltbarkeit von Nahrungsmitteln erhöht, aber der Anspruch an Sorgfalt und Sauberkeit ist geblieben. Der Bereich der Körperhygiene gehört eigentliche auch noch dazu, hat aber im Lernfeld Pflegetheorie und Pflegepraxis einen angemesseneren Platz.

Wenn bei Senioren altersbedingt gesundheitliche Einschränkungen auftreten, geraten die hygienischen Verhältnisse meist als Erstes ins Hintertreffen. Schmutz wird nicht mehr gesehen oder verdorbene Lebensmittel nicht mehr wahrgenommen, weil „die Augen nicht mehr mitmachen". Schnell kann es passieren, dass Reinigungsmittel und Putztücher verwechselt werden und der „Lappen" aus Bad und Toilette in der Küche benutzt wird. Um solche Verwechslungen zu vermeiden, kann auf so genanntes Einmalmaterial zurückgegriffen werden oder auf Putztücher in unterschiedlichen Farben.

Basis für jede Gesundheitsvorsorge sind saubere Hände. Schon Kinder lernen, dass nach einem Toilettengang und vor dem Essen die Hände zu waschen sind. Ein weiterer wichtiger Aspekt ist der einwandfreie Umgang mit Lebensmitteln, sowohl bei der Aufbewahrung, als auch bei der Zubereitung. Alle Gegenstände, die dabei benutzt werden, sollten sich gut und leicht säubern lassen. Für ältere Menschen können Haushaltsgeräte aus Edelstahl oder Kunststoff sinnvoller sein, als z. B. die oft beliebten Schneidebretter und Kochlöffel aus Holz.

Fazit

Einen älteren Menschen bei der Führung seines Haushalts zu unterstützen, bedeutet

- Verständnis für eine andere Art der Haushaltsorganisation zu haben,
- Hilfe bei Einschränkungen anzubieten,
- hygienische Verhältnisse zu erhalten oder wieder herzustellen,
- sensibel mit der Situation umzugehen, wenn wesentliche Veränderungen nötig sind.

Merksatz

Ein älterer Mensch sollte bei der Bewältigung seines Haushalts keinesfalls bevormundet werden.

5.2 Basiswissen: Ernährung

Die Vorgänge im menschlichen Körper sind sehr komplex und verbinden Blickwinkel aus der Medizin, Biologie, Chemie und Ernährungswissenschaft zu einem großen Ganzen. Hier kann nur der Blick im Zusammenhang mit Grundwissen aus der Ernährung berücksichtigt werden, weil alles andere zu weit von der Aufgabenstellung dieses Arbeitsbuches weg führt.

Der menschliche Organismus besteht zu zwei Dritteln aus Wasser und ein Drittel setzt sich aus Eiweiß, Fett, Kohlehydraten und Mineralstoffen zusammen. Er kann all diese Stoffe aber nicht selbst produzieren, sondern braucht zu seiner Erhaltung immer wieder „Nachschub", den er durch die Aufnahme von Nahrungsmitteln sichern kann.

Jeder Mensch muss also essen und trinken, um seinen Körper zu erhalten. Bei den Nahrungsmitteln, die er für die Erhaltung braucht, wird zwischen tierischer und pflanzlicher Herkunft unterschieden. In diesen Nahrungsmitteln sind die schon genannten Nährstoffe, wie Eiweiß, Fett und Kohlenhydrate enthalten, die der Körper unterschiedlich verwertet. Des Weiteren gibt es noch so genannte Wirkstoffe wie Vitamine und Spurenelemente.

Alle diese Stoffe halten nicht nur die Körperfunktionen aufrecht, sondern erfüllen auch besondere Aufgaben. Grundsätzlich dienen sie den Körperzellen, aber vor allem erzeugen sie in Verbindung mit dem eingeatmeten Sauerstoff eine Art Verbrennung, die im Körper für Wärme und Kraft sorgt. Durch diese Verbrennung hat ein Körper im gesunden Zustand eine Temperatur von ca. 36° bis 37° Celsius und gleichzeitig entsteht dabei Energie.

Die Ernährungswissenschaft hat versucht, diesen physikalischen Vorgang zu berechnen. Die Maßeinheit für diese Berechnung war bis zum Ende der 70er Jahre des 20. Jahrhunderts eine Kalorie. Demnach ist 1 Kalorie die Wärmemenge die entsteht, wenn 1 Gramm Wasser von 14,5° auf 15,5° Celsius erwärmt wird (vgl. Duden, 1971, S. 337).

Neuere Erkenntnisse in der Ernährung gehen beim Nahrungsbedarf von einem Grundumsatz aus, wenn sich der Körper in einem ruhenden Zustand befindet und mit einem Arbeitsumsatz einen Körper meinen, der aktiv ist. Hier wurde die neue Berechnungseinheit Joule eingeführt. Danach sind 1000 Joule eine Kilojoule (1 KJ), 1000 Kalorien eine Kilokalorie (1Kcal) und die Verbindung von alter und neuer Maßeinheit ist, dass 1 Kilokalorie 4,2 Kilojoule ergibt. Im Umgang mit Ernährung im Alltag konnte sich die Berechnung mit Joule allerdings nicht so recht durchsetzten.

Lernziel

Wird ein älterer Mensch in seiner häuslichen Umgebung betreut, so schließt die Haushaltsführung häufig die Fürsorge für Ernährungsangelegenheiten mit ein. Berufliches Handeln setzt ein diesbezügliches Grundwissen und das Erkennen und Verstehen von Zusammenhängen zwischen Ernährung und Gesundheit voraus.

Welches Nahrungsmittel liefert was?

Fett erreicht den größten Brennwert im Körper und schützt gleichzeitig die wichtigen Organe, wie Herz, Leber, Nieren und den Darmtrakt. Fettlieferanten sind alle Speisefette, Butter, Margarine, Speck, Öl und so genannte versteckte Fette.

Die Kohlehydrate sind schnelle Energielieferanten und werden vom Körper zügig verwertet. Alle Produkte aus Getreide wie Mehl, Brot, Grieß, Reis, Haferflocken, Nudeln, aber auch Kartoffeln, Obst und Gemüse und vor allem Zucker gehören zur Familie der Kohlehydrate.

Eiweiß ist der einzige Nährstoff, den der Körper nicht speichern kann, weshalb eine regelmäßige und ausreichende Versorgung mit diesem Nährstoff unbedingt wichtig ist, damit der Organismus gesund bleibt. Eiweiß setzt sich aus vielen verschiedenen Eiweißbausteinen, den Aminosäuren zusammen. Die wichtigsten Eiweißlieferanten in der Nahrung sind Fleisch, Fisch, Milch, Eier, Käse und Quark.

Deutsche Gesellschaft für Ernährung

Die Deutsche Gesellschaft für Ernährung (DGE) ist eine Institution, die zu allen Fragen gesunder Nahrungsaufnahme Auskunft geben kann und wissenschaftlich auf dem neuesten Stand ist. Sie gibt regelmäßig für die unterschiedlichsten Bedürfnisse, Personen- und Altersgruppen umfangreiches Informationsmaterial heraus, das für jeden zugänglich ist. Auch für den Unterricht lässt sich über die Medienserviceseite im Internet Material beschaffen. Neben den zehn Regeln der DGE, die nun folgen, sind ein Plakat mit dem so genannten Ernährungskreis oder die Ernährungspyramide die Informationsbasis für den nächsten Arbeitsauftrag.

5.2.1 Zehn Regeln der Deutschen Gesellschaft für Ernährung e.V. (DGE)

„1. Vielseitig essen

Genießen Sie die Lebensmittelvielfalt. Merkmale einer ausgewogenen Ernährung sind abwechslungsreiche Auswahl, geeignete Kombinationen und angemessene Mengen nährstoffreicher und energiearmer Lebensmittel.

2. Reichlich Getreideprodukte und Kartoffeln

Brot, Nudeln, Reis, Getreideflocken, am besten aus Vollkorn, sowie Kartoffeln enthalten kaum Fett, aber reichlich Vitamine, Mineralstoffe, Spurenelemente sowie Ballaststoffe und sekundäre Pflanzenstoffe. Verzehren Sie diese Lebensmittel mit möglichst fettarmen Zutaten.

Ernährungspyramide

3. Gemüse und Obst – Nimm „5 am Tag" ...

Genießen Sie 5 Portionen Gemüse und Obst am Tag, möglichst frisch, nur kurz gegart oder auch eine Portion als Saft – idealerweise zu jeder Hauptmahlzeit und auch als Zwischenmahlzeit: Damit werden Sie reichlich mit Vitaminen, Mineralstoffen sowie Ballaststoffen und sekundären Pflanzenstoffen (z. B. Carotinoiden, Flavonoiden) versorgt. Das ist das Beste, was Sie für Ihre Gesundheit tun können.

4. Täglich Milch und Milchprodukte, ein- bis zweimal in der Woche Fisch, Fleisch und Wurstwaren sowie Eier in Maßen

Diese Lebensmittel enthalten wertvolle Nährstoffe, wie z. B. Calcium in der Milch, Jod, Selen und Omega-3-Fettsäuren in Seefisch. Fleisch ist wegen des hohen Beitrags an verfügbarem Eisen und an den Vitaminen B1, B6 und B12 vorteilhaft. Mengen von 300 bis 600 Gramm Fleisch und Wurst pro Woche reichen hierfür aus. Bevorzugen Sie fettarme Produkte, vor allem bei Fleischerzeugnissen und Milchprodukten.

5. Wenig Fett und fettreiche Lebensmittel

Fett liefert lebensnotwendige (essenzielle) Fettsäuren und fetthaltige Lebensmittel enthalten auch fettlösliche Vitamine. Fett ist besonders energiereich, daher kann zu viel Nahrungsfett Übergewicht fördern. Zu viele gesättigte Fettsäuren erhöhen das Risiko für Fettstoffwechselstörungen, mit der möglichen Folge von Herz-Kreislauf-

Krankheiten. Bevorzugen Sie pflanzliche Öle und Fette (z. B. Raps- und Sojaöl und daraus hergestellte Streichfette). Achten Sie auf unsichtbares Fett, das in Fleischerzeugnissen, Milchprodukten, Gebäck und Süßwaren sowie Fast-Food- und Fertigprodukten meist enthalten ist. Insgesamt 60 bis 80 Gramm Fett pro Tag reichen aus.

6. Zucker und Salz in Maßen

Verzehren Sie Zucker und Lebensmittel, bzw. Getränke, die mit verschiedenen Zuckerarten (z. B. Glucosesirup) hergestellt wurden, nur gelegentlich. Würzen Sie kreativ mit Kräutern und Gewürzen und wenig Salz. Verwenden Sie Salz mit Jod und Fluorid.

7. Reichlich Flüssigkeit

Wasser ist absolut lebensnotwendig. Trinken Sie rund 1,5 Liter Flüssigkeit jeden Tag. Bevorzugen Sie Wasser – ohne oder mit Kohlensäure – und andere kalorienarme Getränke. Alkoholische Getränke sollten nur gelegentlich und nur in kleinen Mengen konsumiert werden.

8. Schmackhaft und schonend zubereiten

Garen Sie die jeweiligen Speisen bei möglichst niedrigen Temperaturen, so weit es geht kurz, mit wenig Wasser und wenig Fett – das erhält den natürlichen Geschmack, schont die Nährstoffe und verhindert die Bildung schädlicher Verbindungen.

9. Nehmen Sie sich Zeit, genießen Sie Ihr Essen

Bewusstes Essen hilft, richtig zu essen. Auch das Auge isst mit. Lassen Sie sich Zeit beim Essen. Das macht Spaß, regt an, vielseitig zuzugreifen und fördert das Sättigungsempfinden.

10. Achten Sie auf Ihr Gewicht und bleiben Sie in Bewegung

Ausgewogene Ernährung, viel körperliche Bewegung und Sport (30 bis 60 Minuten pro Tag) gehören zusammen. Mit dem richtigen Körpergewicht fühlen Sie sich wohl und fördern Ihre Gesundheit."

(Quelle: Deutsche Gesellschaft für Ernährung e.V., Bonn)

Arbeitsauftrag:

1. *Bitte lesen Sie sich die zehn Regeln der DGE durch.*
2. *Was ist Ihnen bekannt und was wussten Sie bislang noch nicht?*
3. *Klären Sie bitte im Unterricht offenen Fragen.*
4. *Welche der Regeln setzten Sie in Ihrem Leben um?*
5. *Wo leben Sie eventuell ungesund?*
6. *Was würden/möchten Sie ändern?*
7. *Was sagt Ihnen der Ernährungskreis oder die Ernährungspyramide dazu?*
8. *Halten Sie das für Sie Wichtige fest.*

Ergebnissicherung:

5.3 Ältere Menschen und Ernährung

Die Zufuhr von Nährstoffen mit der Nahrung und die Verarbeitung im Körper wird als Stoffwechsel bezeichnet. Aber Ernährung ist viel mehr als das Versorgen und Erhalten von Körperfunktionen.

Ernährung hat etwas mit Essen zu tun und ist auch eine sinnliche Erfahrung. Es werden nicht nur Hunger und Durst gestillt, sondern Geruchs- und Geschmackssinn angesprochen und das löst Gefühle aus. Wenn uns etwas schmeckt, dann fühlen wir uns gut, genauso wie wir den Teller wegschieben, wenn etwas nicht schmeckt. Essen ist viel mehr, als satt zu werden, es weckt Erinnerungen und knüpft an Erlebnisse an. Der Großvater in der Beispielgeschichte aus dem 2. Kapitel hat Kürbissuppe für seinen Enkelsohn gekocht und es kann sein, das der nun erwachsene Mann immer noch Kürbissuppe liebt. Jeder Mensch entwickelt im Lauf seines Lebens Vorlieben und hat Lieblingsspeisen, mit denen er etwas verbindet, entweder aus der Kindheit mitgenommen oder später entdeckt.

Lernziel

Das eigentliche Lernziel in diesem Kapitel wurde schon unter Punkt 5.2 umschrieben. Für den speziellen Bereich der Ernährung gilt zusätzlich, dass ernährungsbedingte Erkrankungen eines älteren Menschen bekannt sein müssen, damit der Mitarbeiter in der Altenhilfe angemessen handeln kann.

Was die Ernährung älterer Menschen angeht, so gibt es zwei Faktoren, die mit dem ganz natürlichen biologischen Prozess des Älterwerdens zu tun haben und die zu berücksichtigen sind. Erstens verlangsamt sich mit zunehmendem Alter der Stoffwechselprozess, was dazu führt, dass auch alle Organe langsamer arbeiten. Zum anderen ist der menschliche Organismus ein Leben lang im Dauereinsatz, was zwangsläufig zu „Verschleißerscheinungen" führen kann. Wenn der Stoffwechsel langsamer arbeitet, benötigt er Nahrung, die ihn nicht überfordert, aber gleichzeitig den Körper dennoch mit allen lebensnotwendigen Nährstoffen versorgt. Der Organismus, der „Verschleißerscheinungen" aufweist, braucht eine Kost, die diesen Zustand nicht verschlimmert, sondern ihn im Idealfall verbessert oder gar repariert.

Wir leben in einer Gesellschaft, in der die vielen, schon erwähnten Veränderungen auch Konsequenzen auf das Ernährungsverhalten hatten. Schnellrestaurant, Imbissstube und Fertiggerichte sind sicher bequem, aber unter dem Gesichtspunkt einer guten Nähstoffversorgung werden dem Körper zu viele Fette und Kohlehydrate zugeführt. Wir werden zwar satt, sind aber in bestimmten Bereichen mangelernährt. Daraus ergibt sich, dass der größte Anteil an Erkrankungen auch im Alter, Stoffwechselerkrankungen sind, bedingt durch Ernährungsgewohnheiten, die dem Körper nicht das geben, was er wirklich braucht, um gut zu funktionieren und gesund zu sein.

5.3.1 Ernährungsbedingte Erkrankungen älterer Menschen

Es ist hier nicht möglich auf alle Stoffwechselerkrankungen einzugehen, aber die, die bei älteren Menschen am häufigsten auftreten, verdienen eine nähere Betrachtung.

Diabetes

Allgemein ausgedrückt ist bei dieser Erkrankung, die der Volksmund auch „Zuckerkrankheit" nennt, der Organismus nicht in der Lage, Stärkeprodukte richtig zu verwerten. Alle kohlehydratreichen Nahrungsmittel enthalten Stärke und diese wird im Prozess der Verdauung in Glukose, eine Zuckerform, umgewandelt. Über den Darm gelangt Glukose ins Blut und nun wäre Insulin wichtig, um den Zucker weiter im Organismus zu verwerten. Bei Diabetikern arbeitet die Bauchspeicheldrüse, die das Hormon Insulin herstellt, aber nicht ausreichend oder gar nicht. So kommt es zu einer Überzuckerung des Körpers, was zu schweren Störungen im ganzen Organismus führen kann. Die Folgen können von Verwirrtheitszuständen bis hin zu Herzinfarkt, Schlaganfall, Nierenleiden und Erblindung gehen.

Bei der Diabetes sind zwei Erkrankungsformen zu unterscheiden. Diabetes vom Typ I tritt meist schon in jungen Jahren auf und hat häufig genetische Ursachen. Diese Form kann nur über Medikamente und regelmäßiges Spritzen von Insulin behandelt werden. Diabetes vom Typ II wird manchmal auch als Alterszucker bezeichnet, was sachlich nicht stimmt. Dieser Typ tritt im Erwachsenenalter vor allem bei übergewichtigen Menschen auf und eben auch bei älteren, aber nicht ausschließlich. Typ II lässt sich meist mit Ernährungsumstellung und Bewegung deutlich verbessern. Auch wenn die Bauchspeicheldrüse nur wenig Insulin produziert, gibt es Medikamente mit Wirkstoffen, die helfen, das Wenige für den Körper nutzbar zu machen. Für beide Diabetestypen gilt der aufmerksame und ausgewählte Umgang mit kohlehydratreichen Nahrungsmitteln und die regelmäßige Kontrolle des Blutzuckerspiegels.

Gicht

Gicht gehört ebenfalls zur Familie der Stoffwechselerkrankungen. Ein Gichtanfall kommt plötzlich und verursacht schmerzhafte angeschwollene Hand- oder Fußgelenke und manchmal ist auch ein Knie in Mitleidenschaft gezogen. Die Ursache für die Erkrankung liegt in einer Purinstoffwechselstörung. Purine sind vor allem in Nahrungsmitteln mit einem hohen Einweißgehalt enthalten. Im Verwertungsprozess von Purin entsteht im Körper als Endprodukt Harnsäure, die im Normalfall mit dem Urin aus dem Körper ausgeschieden wird. Bei einem Gichtanfall ist der Körper im Grunde übersäuert und die Harnsäure lagert sich an den Gelenken ab.

Es gibt für diese Erkrankung eine so genannte Anlagebereitschaft, die erblich ist. Anlagebereitschaft bedeutet, dass eine Erkrankung ausbrechen kann, aber nicht zwangsläufig ausbrechen muss. Wenn es also zu einem Gichtanfall kommt, gibt es zusätzlich einen Auslöser und in der Regel handelt es sich um einen oder mehrere gravierende Ernährungsfehler, die der Krankheit zum Ausbruch verhelfen. Ältere Menschen sprechen manchmal davon, dass der Körper „sauer" wird, im wahrsten Sinn des Wortes.

Gicht muss unbedingt behandelt werden, da sie sonst einen chronischen Verlauf nimmt, was die betroffenen Gelenke schädigt und die Beweglichkeit erheblich einschränkt. Es gibt Medikamente, die den Harnsäurespiegel senken und solche, die für eine schnellere Ausscheidung sorgen. Beides ist im akuten Stadium sicher nützlich und sinnvoll. Langfristig ist für die Gesunderhaltung des Körpers eine konsequente Nahrungsumstellung wichtig, bei der Vorsicht geboten ist, bei Fleisch- und Fischgerichten und auch bei harnsäurebildenden Genussmitteln, wie Schokolade, Tee und Kaffee. Gichtkranke sollten regelmäßig ihren Urin auf den Harnsäuregehalt untersuchen lassen.

Bluthochdruck

Bluthochdruck wird in der Fachsprache als Hypertonie bezeichnet, gehört zu den Herz-/Kreislauferkrankungen und ist ein weitverbreitetes Leiden. Die Ursachen sind vielfältig, aber eine sehr kochsalzreiche Ernährung fördert das Krankheitsbild, das sich in Kopfschmerzen, Benommenheit, Ohrenrauschen, beschleunigtem Herzschlag und innerer Unruhe äußern kann. Die hohe Konzentration von Kochsalz im Blut verändert die Druckverhältnisse in den Arterien, was sich letztlich bei jedem Herzschlag bemerkbar macht. Schnelle Abhilfe können blutdrucksenkende Medikamente bewirken, aber langfristig ist eine Ernährungsumstellung, die mit Medikamenten unterstützt werden kann, erfolgversprechender. Kochsalzreiche Nahrungsmittel wie Wurst und Käse, Konserven und Fertiggerichte, aber auch viele Brotsorten und Backwaren sollten durch kochsalzarme ersetzt werden. Auch Bewegungsmangel, Rauchen und Alkohol fördern das Krankheitsbild und Stress, als Belastung im Leben, schadet auf Dauer jedem Menschen, egal ob eine Vorerkrankung vorliegt oder nicht. Es gibt Blutdruckmessgeräte, die jeder Patient zur Selbstkontrolle bedienen kann und auch das Führen eines Blutdrucktagebuches kann hilfreich sein. Ansonsten gehört jede Art von Medikamentengaben in die Hand eines Arztes.

5.3.2 Was ältere Menschen noch beachten sollten

Für ältere Menschen ist besonders ausreichendes Trinken sehr wichtig, weil der Kreislauf Flüssigkeit braucht, um gut zu arbeiten und alle Organe zu versorgen. Die meisten älteren Menschen trinken nicht genug, denn mit zunehmenden Alter verändert sich das Durstempfinden. Mancher Zustand von Verwirrtheit hat bei älteren Menschen seine Ursache in einem Flüssigkeitsmangel. Der Körper sollte aber mit allen Speisen und Getränken mit wenigsten 2,5 Liter pro Tag versorgt werden, weil das auch eine regelmäßige Verdauung und gesunde Nierenfunktion unterstützt. Im Sommer schütz ausreichende Flüssigkeit auch vor Austrocknungserscheinungen.

Die Ernährung eines älteren Menschen hängt sehr von seinen Vorlieben und Gewohnheiten ab. In der Regel kann alles gegessen werden, sofern keine der oben beschriebenen oder eine andere Erkrankung vorliegt. Grundsätzlich einzuschränken sind fettes Fleisch, Kohlgemüse und Hülsenfrüchte, wie Bohnen, Erbsen und Linsen, weil sie sehr schwer verdaulich sind und der Erfahrung nach vielen älteren Menschen Probleme bereiten. Aufrichtige Fürsorge sollte nicht zu Gesundheitsfanatismus werden, sondern auch einem Diabetiker ein Stück Kuchen gönnen und dem Gichtkranken die Tasse Kaffee. Essen ist gerade für ältere Menschen wirkliche Lebenslust und mit ausgewogener Kost, die auf fünf Mahlzeiten verteilt wird, kann ein Senior gut leben.

Die Tante von Brigitte F. ist im Ganzen gesundheitlich noch gut beieinander, nur fällt ihr zunehmend der Einkauf und das Kochen schwer. Eine Nachbarin ist bereit, einmal in der Woche den Einkauf zu übernehmen und gegen ein geringes Entgelt für sie auch mit zu kochen. Da die Tante an Hypertonie leidet, muss sich die Nachbarin darauf einstellen.

Arbeitsauftrag:

1. *Worauf muss die Nachbarin beim Einkauf und beim Kochen achten?*
2. *Erarbeiten Sie im Unterricht eine Einkaufsliste und einen Essenplan für die Mittagsmahlzeiten einer Woche.*
3. *Bedenken Sie Ausgewogenheit und Abwechslung in der Ernährung.*
4. *Halten Sie zur Ergebnissicherung Ihre Arbeit unten fest.*

Montag	Dienstag	Mittwoch	Donnerstag	Freitag	Samstag	Sonntag

Fazit

- Essen dient der Erhaltung der Körperfunktionen und ist Sinnenfreude.
- Ernährung und Gesundheit stehen in engem Zusammenhang.
- Regelmäßige Kontrollen helfen, Krankmachendes zu erkennen.
- Gesundheitserhaltung oder -wiederherstellung ist durch Ernährung möglich.
- Unterstützende Medikamente sind sinnvoll.
- Das Maß einer Erkrankung entscheidet über die Ernährung, nicht das Alter des Menschen.

> **Merksatz**
> **Ein älterer Mensch sollte liebgewordene Ernährungsgewohnheiten beibehalten dürfen, sofern sie seine Gesundheit nicht extrem belasten oder bedrohen.**

Literaturhinweis:

Lütz, Manfred: Lebenslust, Wider die Diät-Sadisten, den Gesundheitswahn und den Fitness-Kult, aktualisierte Taschenbuchausgabe, München, Droemer Sachbuch, 2006.

6 Tagesstrukturierende Maßnahmen

6.1 Was gibt dem Leben eine Ordnung?

„Ordnung ist das halbe Leben", sagt eine Redewendung und in der Tat ist nicht nur aufräumen und Ordnunghalten gemeint, sondern das ganze Leben wird begleitet von Ordnungen, Strukturen und Regeln. Es gibt Grundordnungen, die jeder Mensch einhalten muss, wie z. B. Essen und Schlafen, weil diese der Erhaltung des Körpers und der Gesundheit dienen. Andere Regeln sind gesellschaftliche Vorgaben, wie die Schulpflicht oder verbindliche Arbeitszeiten. Jeder Mensch bekommt durch Familie, Erziehung und Bildung viele Strukturen schon mit auf den Weg. Strukturen regeln das Miteinander und helfen, Verantwortung zu übernehmen, wenn es um Aufgaben und Pflichten geht. Aber im Laufe des Lebens kommen auch sehr persönliche Gewohnheiten, Vorlieben und Rituale hinzu, die die eigenen Bedürfnisse berücksichtigen, den Lebensstil und vielleicht auch eine persönliche Lebensphilosophie sichtbar machen. Eine Struktur, die das Leben am längsten begleitet, ist die Berufstätigkeit. Sie ordnet über viele Jahre hinweg den Tagesablauf und die Arbeitswoche, unterscheidet Werktage von Urlaubstagen, und Arbeitszeit von Freizeit. Tagestrukturen regeln die Bereiche Körperhygiene und Gesundheitspflege, Essens- und Schlafzeiten und neben der Arbeit Anregungen jeglicher Art. Auch nach dem Eintritt ins Ruhestandsalter, wenn die ordnenden Vorgaben des Berufslebens wegfallen, werden viele Gewohnheiten im täglichen und wöchentlichen Ablauf beibehalten, weil Strukturen und wiederkehrende Rituale dem Leben Sicherheit schenken. Manchmal kommen neue hinzu, weil der Anteil an Freizeit größer geworden ist und damit auch der Gestaltungsfreiraum. Diese Rahmenbedingungen ändern sich meist radikal, wenn ein älterer Mensch betreuungsbedürftig wird und unter Umständen in eine Pflegeeinrichtung muss, wodurch er ein Stück selbstbestimmtes Leben verliert.

Lernziel

Bei einem betreuungsbedürftigen älteren Menschen wird der größte Teil des Tages durch Pflege und Fürsorge gegliedert. Damit sich das Leben aber nicht nur darauf reduziert, sind strukturgebende Maßnahmen wichtig, die auch Bedürfnisse nach Anregung und sozialen Kontakten mit berücksichtigt.

Arbeitsauftrag:

1. *Bitte schneiden Sie den ausgeteilten Papierstreifen in 20 gleichgroße Teile und schreiben die auf die einzelnen Papierstücke, was Sie den Tag über tun.*
2. *Ordnen Sie dann die beschrifteten Papierstücke nach dem Tagesablauf und kleben Sie diese in die linke Spalte der nachfolgenden Übersicht.*
3. *Kreuzen Sie fünf der für Sie wichtigsten Rituale, Vorlieben oder Gewohnheiten an.*
4. *Überlegen Sie weiter, wie Ihre Großmutter oder Ihr Großvater den Tag gestalten und schreiben Sie in die zweite Spalte, was Ihnen dazu auffällt.*
5. *Wie ist der Tagesablauf in einem Ihnen bekannten Alten- und Pflegeheim?*
6. *Stellen Sie die drei Abläufe nebeneinander und vergleichen Sie.*
7. *Was stellen Sie fest?*

Mein Tagesablauf:	Tagesablauf der Großeltern:	Ablauf in einem Pflegeheim:

Ergebnissicherung:

6.2 Rituale und Gewohnheiten

Fallbeispiel: Der Sonntagskaffee von Frau M.

Frau M. ist Kapitänswitwe. Ein Leben lang war sie viel alleine, wenn sie nicht die Möglichkeit hatte, ihren Mann auf Reisen zu begleiten. Sie hat immer lange geschlafen, dann als erstes auf dem Weg zur Toilette das Kalenderblatt abgerissen und dann im Morgenmantel gefrühstückt, ein halbes Brötchen mit Schnittkäse, die andere Hälfte mit Johannesbeermarmelade und dazu Kräutertee. Jeden Morgen hat sie dabei mit viel Interesse die Tageszeitung gelesen und anschließend ein ausgiebiges Bad genommen. Sie ist immer noch sehr gepflegt, adrett gekleidet und legt täglich ihren Schmuck an. Einmal im Monat kommt eine junge Frau und „macht ihr die Haare", wie sie sagt. Jedes Jahr im Juni fährt sie nach Bad Wörishofen, ins Kneippheilbad und tut etwas für ihre Gesundheit. Niemand schätzt sie auf 83Jahre. Sie liest gerne, geht ins Theater und in einen Seniorentanzclub. Zweimal in der Woche ist sie in ihrem kleinen Schrebergarten, wo sie mit Hingabe die Rosen pflegt und auf dem Nachhauseweg geht sie immer zum Grab ihres Mannes. In ihrer Wohnung, die voll ist mit Reiserinnerungen, empfängt sie gerne Gäste zum Tee. Nachmittags liebt sie Tee und Kekse, nur sonntags, ja am Sonntag ist immer ein Stück Torte und Kaffee wichtig. In den Sommermonaten geht sie dafür auch regelmäßig in ein Café. Mittags hat sie nie gekocht, denn solange ihr Mann noch lebte, haben sie abends eine warme Mahlzeit zu sich genommen und das hat Frau M. auch nach dem Tod ihres Mannes beibehalten. Aber seit letztem Sommer wird ihr manches zuviel, da ging es ihr schon auf der Zufahrt ins Heilbad nicht gut und sie erlitt einen Schwächeanfall. Seitdem ist sie besorgt, wie es mit ihr weitergehen soll. Sie schafft die Pflege des Gartens nicht mehr und auch die Versorgung des Haushalts geht nur noch langsam. Da sie keine Kinder hat, überlegt sie, in ein Altenheim zu gehen, um auch im Pflegefall nicht allein zu sein. Aber alle Häuser, die sie sich anschaut, entsprechen gar nicht ihrem Lebensstil und Tagesrhythmus. Sie ist ganz ratlos.

Arbeitsauftrag:

1. *Was raten Sie ihr?*
2. *Wie müsste ein Altenheim aussehen, in dem sich Frau M. wohlfühlen könnte?*
3. *Welche Maßnahmen könnten helfen, das „Einerlei" in einem Altenheim zu unterbrechen?*
4. *Wie würden Sie ein Haus organisieren, was würden Sie ändern?*

Ergebnissicherung:

Fazit

- Alle Menschen entwickeln Lebensformen mit Vorlieben, Gewohnheiten und Ritualen.
- Strukturen ordnen den Alltag und geben Sicherheit.
- Ohne Strukturen herrscht schnell das Chaos.
- Unterschiede zwischen Alltag und Sonn- und Feiertagen sind auch für ältere Menschen wichtig.
- Tägliche Anregungen und wöchentliche Veranstaltungsangebote sollten persönliche Bedürfnisse befriedigen.
- Für jeden Menschen ist es schwer, Liebgewordenes aufzugeben.

Merksatz

Ein älterer, betreuungsbedürftiger Mensch sollte als tagesstrukturierende Maßnahme nicht nur das Warten auf die nächste Mahlzeit erleben.

Literaturhinweis:

Grün, Anselm: Geborgenheit finden – Rituale feiern, Wege zu mehr Lebensfreude, Kreuz Verlag, Stuttgart, 2001.

7 Feste und Veranstaltungen

7.1 Basisinformation: Was macht ein Fest zum Fest?

Feste und Feiern unterbrechen den Alltag, schenken Belebung und geben dem Menschen die Möglichkeit der Begegnung. Für eine kurze Zeit ist das Alltagseinerlei vergessen, um für etwas Besonderes, vielleicht Einmaliges Platz zu machen. Die Begriffe „Feste" und „Feiern" werden heute bedeutungsgleich verwendet. Ursprünglich wurde das Wort „Feier" für religiöse Feiern benutzt und „Fest" für jede andere Art von großer oder kleiner Veranstaltung. Auf der ganzen Welt werden Feste gefeiert, auch wenn sie nach Anlass und Ausführung sehr verschieden sind. Feste geben Raum zur Besinnung und zum Innehalten genauso wie zu ausgelassener Freude. Sie dienen der Erinnerung, aber auch dem Ausblick und der Hoffnung. Mit Festen werden Sitten und Brauchtum weitergegeben und Traditionen erhalten. Festlichkeiten tragen ganz entscheidend zum Kulturgut eines Landes und eines Volkes bei und sind in irgendeiner Form auch immer Höhepunkte im Leben von Menschen. Die multikulturellen Veränderungen in unserer Gesellschaft werden es in Zukunft mit sich bringen, dass wir auch die Wahrnehmung für Feste entwickeln müssen, die nicht zu unserem eigenen Kulturkreis gehören, wie z. B. muslimische Feste und jüdische Feste. Viele Feste sind eingebunden in den Jahreszyklus und schenken damit Vorfreude auf bevorstehende Feierlichkeiten. Sie geben dem Leben Struktur, einen Rhythmus und schenken Ordnung und Orientierung.

Jahresübersicht zu Festen, Feier- und Gedenktagen

Neujahr am 1. Januar; Dreikönigstag am 6. Januar: Valentinstag am 14. Februar; Internationaler Frauentag am 8. März; Karneval beginnt offiziell am 11. November um 11.11 Uhr, wird aber vorrangig zwischen Weiberfastnacht und Aschermittwoch gefeiert; Fastenzeit; 1. April; Karwoche; Ostern; Tag der Arbeit am 1. Mai; Muttertag am 2. Sonntag im Mai; Himmelfahrt; Pfingsten; Fronleichnam; Johannestag am 24. Juni; Erntedank; Tag der deutschen Einheit am 3. Oktober; Tage, an denen der Verstorben gedacht wird: zu Allerheiligen am 1. November und Allerseelen am 2. November, Volkstrauertag und Totensonntag, der letzte Sonntag vor dem ersten Advent; Martinstag am 11. November; Advent; Nikolaustag am 6. Dezember; Weihnachten am 24., 25., 26. Dezember; Silvester am 31. Dezember.

Bedingt durch die Vielfalt in unserem Land, gibt es viele Festlichkeiten, die regionalen Charakter haben, wie z. B. Fischerfeste am Meer oder den Almabtrieb der Kühe in den Bergen.

Persönliche Feste

Persönliche Feste stellen den Einzelnen in den Mittelpunkt. Für einen Tag lang ist jemand die Hauptperson. Mit Glückwünschen und Geschenken werden ihm Aufmerksamkeit und Wertschätzung entgegengebracht, Liebe und oft auch Dankbarkeit gezeigt. Die gängigsten persönlichen Feste sind der Geburtstag und Namenstag, die Taufe, Einschulung, Kommunion, Konfirmation oder Jugendweihe, der Schulabschluss, die abgeschlossene Berufsausbildung, Verlobung und Hochzeit, silberne und goldene Hochzeit. Es gibt sicher noch mehr persönliche Anlässe für Festlichkeiten, aber grundsätzlich gilt, dass es sich um Jubiläen im privaten und beruflichen Bereich handelt.

Gesellschaftliche Feste

Früher waren gesellschaftliche Feste, z. B. im Jahreszyklus, große Ereignisse. Immer war die große Gemeinschaft eines Ortes, einer Stadt oder Region gemeint. Frühlingsfest, Tanz in den Mai, Sommerfest oder Weinfest im Herbst, wurden begleitet von Musik, Tanz und manchmal einem Treiben, wie auf dem Jahrmarkt, mit Losbuden und Naschwerk. Heute hat sich die Zahl der Festlichkeiten vervielfacht, wobei die Bedürfnisse sehr speziell geworden sind und Feste im gesamtgesellschaftlichen Sinn finden eher selten statt, wobei Sportfeste und Feste mit historischem Hintergrund (Dorf- und Stadtfeste) noch am bekanntesten sind.

Kirchliche (religiöse) Feste

Viele kirchliche Feste haben durch die zunehmende Entfremdung der Menschen von Kirche und Abstand zu religiösen Inhalten an Bedeutung verloren. Vor dem Hintergrund der christlichen Kultur in unserem Land nehmen sie aber im Jahreszyklus den größten Teil an Festlichkeiten ein. Es sind arbeitsfreie Feiertage. Das Kirchenjahr beginnt mit dem 1. Advent und endet mit dem Toten- oder Ewigkeitssonntag Ende November. Mit dem Kirchenjahr wird innerlich das Leben und Sterben Jesu von der Geburt bis zur Sendung des heiligen Geistes zu Pfingsten nachvollzogen. Die wichtigsten kirchlichen Feste sind Ostern, Pfingsten und Weihnachten.

> ***Lernziel***
> ***Ein Fest stellt im Betreuungsalltag von älteren Menschen immer einen Höhepunkt dar und schenkt allen Beteiligten Freude und eine bleibende Erinnerung. Um als Mitarbeiter in der Altenhilfe daran mitwirken zu können ist Sachkenntnis genauso wichtig, wie Fähigkeiten in der Gestaltung.***

7.2 Festvorbereitungen

Die Abwechslung vom Alltag braucht einen Anlass und muss sich an den Bedürfnissen derer orientieren, für die das Fest sein soll oder mit denen es gefeiert wird. Ziel eines jeden Festes ist das Erlebnis von Gemeinschaft und Lebensfreude. Bei älteren Menschen haben Festlichkeiten auch immer etwas mit Erinnerung zu tun. Man soll „die Feste feiern wie sie fallen" ist sicher eine schöne Herausforderung, den Alltag spontan zu bereichern, aber für ältere Menschen in der Regel eine Überforderung. Rituale und Ordnungen geben Verhaltenssicherheit und in der Verantwortung für andere Menschen sind Regeln wichtig und sinnvoll. Ältere Menschen brauchen Zeit, um sich auf ein Fest einstellen zu können. Für eine Feier gibt es neben dem persönlichen Gestaltungsspielraum bestimmte Normen und auch Formen, die helfen, alles Wesentliche einer Festvorbereitung zu bedenken, damit das Fest/die Feier gelingen kann. Eine sorgfältige Vorbereitung lohnt sich immer, sowohl im privaten Bereich, als auch im Lebensraum Altenheim.

Die folgende Übersicht berücksichtigt alle Aspekte, die zur Planung einer Feierlichkeit bedacht werden sollten, sowohl in einem Alten- und Pflegeheim, als auch außerhalb.

Der Anlass:	Was oder wer wird gefeiert? Auch Themen- oder Mottofeste sind möglich.
Die Einladung:	Plakat und/oder Einladungskarten, wobei eine rechtzeitige Ankündigung, evtl. mit Rückmeldung wichtig ist, um die Personenzahl zu überblicken.
Der Ort:	Wo feiert ein Altenheimbewohner z. B. seinen Geburtstag: bei der Familie, im Gasthaus oder im Heim?
Das Essen:	Bei einem persönlichen Fest sind die Vorlieben des Jubilars zu berücksichtigen.
Dekoration:	frische Blumen und/oder anderes zur Jahreszeit oder zum Festanlass passendes, Raumgestaltung, Sitzordnung, Platzkarten, Kerzen, Servietten
Programm:	Begrüßung, Zeit zum Essen, Unterhaltung wie z. B. Musik, Spiele, Sketche, Lieder, Gedichte, usw. Höhepunkt einplanen, möglichst viele beteiligen, wichtig ist bei älteren Menschen ein gemeinsamer Abschluss.
Organisation:	Wer kümmert sich um was oder hilft? Wer übernimmt die Hauptverantwortung?
Kostenrechnung:	Absprache in der Einrichtung mit der Küche und der Heimleitung, mit der Familie oder anderen Angehörigen, sofern der Heimbewohner die Kosten nicht allein tragen kann, wenn es sich um ein persönliches Fest handelt.
Sauberkeit und Ordnung:	Wer bringt nach dem Fest wieder alles in Ordnung?
Reflektion und Auswertung:	Was war gut, was nicht? Eventuell eine schriftliche Danksagung bei einem persönlichen Fest.

7.2.1 Die Einladung

Bei einer Einladung wird im Wesentlichen zwischen persönlichen und offiziellen Einladungen und dem Anlass unterschieden, der entweder privaten oder öffentlichen Charakter hat. Eine persönliche Einladung zu einer privaten Feier, wie zu einem 80. Geburtstag, hat einen anderen Stil in der Aufmachung und der Sprache, als z. B. eine offizielle Einladung zur Eröffnung eines Geschäftes, zu einer Einweihung oder einem Firmenjubiläum. Die Einladung zu einer öffentlichen Veranstaltung kann z. B. über Plakate geschehen. Grundsätzlich gelten die nachfolgenden Kriterien, wobei die Gestaltung zum Anlass passen sollte. Einwandfreie Sprache und Rechtschreibung gehören auch dazu.

Eine Einladung enthält immer:

- den Grund der Einladung, also wozu wird eingeladen
- den Ort – wo
- die Zeit – wann
- den Sender – von wem
- den Empfänger – für wen
- die Bitte um Rückmeldung, bis zu einem bestimmten Termin
- evtl. eine Wegbeschreibung in der Beilage
- evtl. ein Programmablauf
- vielleicht eine Menükarte

Plakatgestaltung

Arbeitsauftrag:

1. *Welche Feste sind in Anlehnung an die Jahreszeiten in einem Altenheim möglich?*
2. *Sammeln sie Ideen mithilfe eines Tafelbildes.*
3. *Gestalten Sie ein zur Jahreszeit passendes Plakat.*
4. *Orientieren Sie sich dabei an den unten aufgeführten Gestaltungskriterien.*
5. *Beachten Sie die W-Fragen.*

W-Fragen	Schrift	Motiv	Farbe und Format	Zeitrahmen
WAS findet statt. WO findet es statt. WANN findet das Fest statt. WIE, sind die näheren Umstände.	Einfache und übersichtliche Buchstaben sind für ältere Menschen besonders günstig. Schnörkel erschweren das Lesen, so schön sie auch aussehen.	Ein Plakat sollte auch gestalterisch auf den Inhalt der Veranstaltung hinweisen.	Die Grundfarbe sollte hell sein, damit sich die Schrift deutlich abhebt. Das Plakat sollte nicht kleiner als DIN A3 sein.	Ein Plakat sollte ca. 10 bis 14 Tage vor einem Fest aushängen. Entweder an einem für „Aushänge" vertrauten Platz oder an mehreren zentralen Orten.

Einladung zur

WANN: am
ab 19.00 Uhr

WO: im großen Speisesaal des Altenwohnheims

FÜR ESSEN, GETRÄNKE
UND UNTERHALTUNG IST GESORGT.

Beispiel
für den Inhalt
einer Plakatgestaltung

Die persönliche Einladung

Liebe/r ....

Am Mittwoch, dem 25. November 2009
feiere ich meinen 80. Geburtstag.

Ich freue mich schon sehr auf diesen Tag und möchte Dich
herzlich zu einem Kaffeetrinken ab 15.00 Uhr im großen Speisesaal
des Martin-Luther-Altenheims in der Fontane Str. 12
in Radstadt einladen.
Den ganzen Nachmittag werden wir Zeit haben zum Erzählen,
zum alte Fotos anzuschauen und zu anderen Programmpunkten.

Damit meine Lieben die Vorbreitung gut planen können,
bitte ich Dich, bis zum 11.11.2009 unter der
Telefonnummer .... Bescheid zu sagen,
ob Du an diesem Tag dabei sein kann.
Ich würde mich über ein Wiedersehen sehr freuen.

Herzliche Grüße

Die offizielle Einladung

Sehr geehrte Damen und Herren,

anlässlich der Einweihung unseres Erweiterungsbaus
*am **Martin-Luther-Altenwohnheim in Radstadt in der Fontane Str. 12,***
möchten wir Sie herzlich zum Sektempfang
***am 2. September 2006 ab 11.00 Uhr** zu einem*

Tag der offenen Tür *einladen.*

Die Festansprache zur Eröffnung wird Dr. Johannes Mustermann, Kulmbach im großen Speisesaal halten.

Alle offiziellen Räume des Alt- und Neubaus sind an diesem Tag für die Besucher zugänglich und unsere Mitarbeiter stehen Ihnen jederzeit für Auskünfte zu Verfügung.

Mit freundlichem Gruß

....
(Heimleitung)

Arbeitsauftrag:

1. *Bitte gestalten Sie eine Einladungskarte aus Fotokarton mit der in Kapitel 8 beschriebenen Drucktechnik.*
2. *Ihr Motiv sollte zum Anlass passen.*
3. *Sie entscheiden, ob Sie eine persönliche oder offizielle Einladung gestalten wollen.*
4. *Textlich können Sie sich an den oberen Beispielen orientieren.*

7.2.2 Dekoration

Die Dekoration, auch als Festtagsschmuck bezeichnet, macht für die optische Wahrnehmung in besonderer Weise den Unterschied zum Alltag sichtbar. Beim Dekorieren unterscheidet man zwischen Platz-, Tisch-, Raum- und Hausschmuck.

Der Platzschmuck rückt den Sitzplatz des Einzelnen, des Ehrengastes, des Geburtstagkindes in den Vordergrund. Er reicht vom Platzteller über die Tischkarte, Serviette bis zur persönlichen Kerze.

Tischschmuck gestaltet die Gemeinschaft derer, die sich einen Tisch teilen. Auch hier kann die Platzkarte die Runde organisieren und ordnen. Tischschmuck wird bestimmt durch die Wahl der Tischdecken, des Geschirrs, der Gläser, Servietten, Blumen und Gestecke. Der Vielfalt sind keine Grenzen gesetzt. Der Schmuck kann aus Naturmaterial sein, rustikal oder elegant in der Gestaltung. Auch können jahreszeitliche Themen und persönliche Vorlieben bei Farben und Blumen berücksichtigt werden. Entscheidend ist der persönliche Geschmack und der Rahmen des Festes. **Raumschmuck** erweitert das Ganze auf das Zimmer oder den Saal. Auch auf den Anlass des Festes kommt es an, denn der entscheidet mit, wie großzügig ein Raum miteinbezogen wird. Girlanden sind in der Faschingzeit eher zu finden, dagegen sind Fotowände oder andere Erinnerungsstücke bei persönlichen Festen und/oder Jubiläen angebracht.

Mit **Hausschmuck** ist in der Regel der Schmuck am Eingang oder im Flurbereich eines Hauses gemeint. Fensterschmuck kann das ganze Haus betreffen.

Arbeitsauftrag: (Hinweis: Für diesen Arbeitsauftrag ist vorab Material zu beschaffen.)

1. *Stellen Sie aus Fotokarton bitte eine Tischkarte her, die einen Aufstellausschnitt aufweist. Der Karton hat eine Größe von 8x8 cm. Die Skizze unten dient Ihnen als Orientierungshilfe. Dort kann Ihre fertige Tischkarte auch aufgeklebt werden.*
2. *Veranstalten Sie danach bitte eine Art „Serviettenbörse". Erproben Sie in der Klassengemeinschaft, wer welche Falttechniken zur Serviettengestaltung kennt.*
3. *Entscheiden Sie miteinander, welche drei Techniken Sie alle lernen wollen.*
4. *Falten Sie Ihre Ergebnisse mit Papier im Format 20 x 20 cm nach und kleben Sie diese in den dafür vorgesehenen Kasten der Ergebnissicherung.*

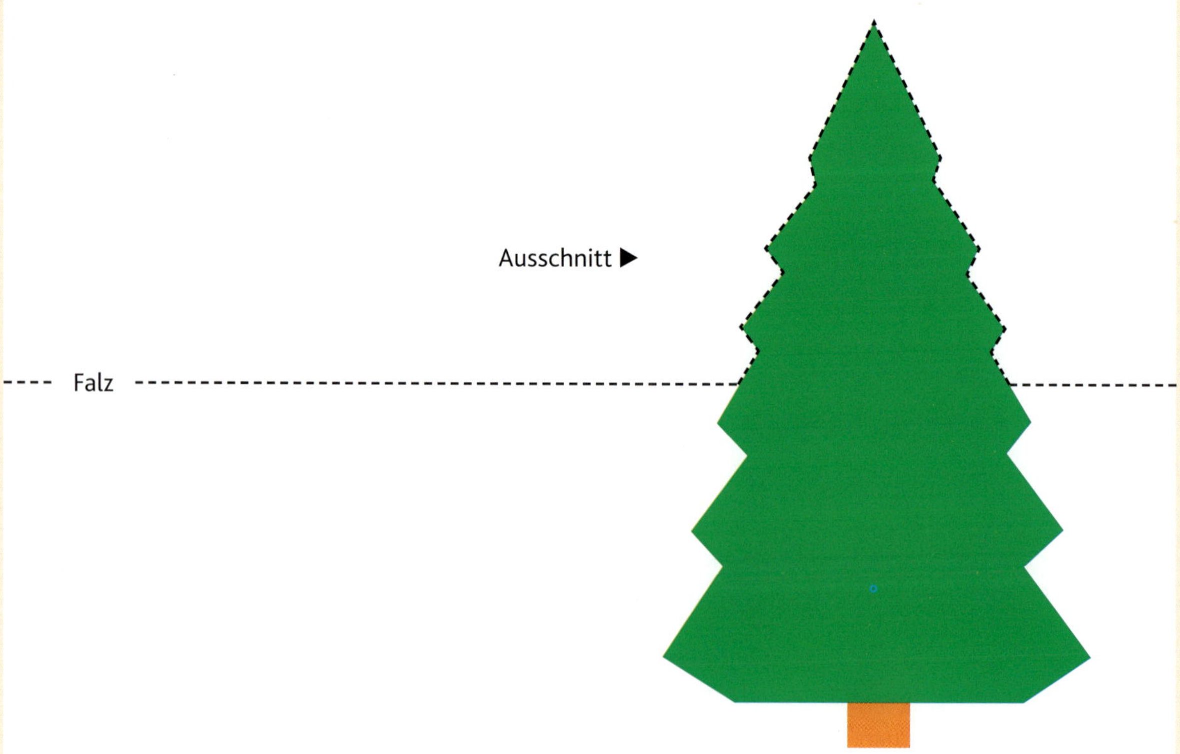

Ergebnissicherung:

7.3 Besondere Feste

7.3.1 Der Geburtstag – ein persönliches Fest

Der Geburtstag ist das persönlichste Fest und ist bei einem älteren Menschen sehr stark mit Erinnerungen verbunden. Er bewirkt den Rückblick auf Kindertage, knüpft an Erinnerungen und Rituale, auf die auch bei der Ausgestaltung einer noch so kleinen Feier Rücksicht genommen werden sollte. Ein so genannter „runder" Geburtstag, wie der 80. oder der 90. oder die 5-Jahres-Schritte dazwischen, kann Anlass für eine große Feierlichkeit sein, sofern das Geburtstagskind dazu gesundheitlich noch in der Lage ist.

Zu einem Geburtstag gehören Glückwünsche, ein Geburtstagslied (es sollte ein altes Segenslied sein) vielleicht ein Gedicht und frische Blumen. Auch ein schön gedeckter Tisch mit Kuchen und einer brennenden Kerze, als Zeichen für das Lebenslicht, sollten nicht fehlen. Ältere Menschen freuen sich über Geschenke, die ihren Interessen und Neigungen entsprechen.

Die Torte von Eugen Roth

Ein Mensch kriegt eine schöne Torte.
Drauf stehn in Zuckerguss die Worte:
„Zum heutigen Geburtstag Glück!"
Der Mensch isst selber nicht ein Stück:
doch muss er in gewaltigen Keilen
das Wunderwerk ringsum verteilen.
Das „Glück", das „heu", der „Tag"
verschwindet,
und als er nachts die Torte findet,
da ist der Text nur mehr ganz kurz.
Er lautet nämlich nur noch:... „burts"...
Der Mensch, zur Freude jäh entschlossen,
hat diesen Rest vergnügt genossen.

(Roth, 1983, S. 36)

7.3.2 Advent und Weihnachten – kirchliche Feste

Warum feiern wir eigentlich Advent und Weihnachten? In unserem so genannten „christlichen Abendland" ist Weihnachten neben Ostern eines der wichtigsten religiösen Feste. Advent bedeutet soviel wie Ankunft, es ist damit die Ankunft des „Herrn", also die Vorbereitung auf das Fest der Geburt Jesu gemeint. Mit dem ersten Advent beginnt auch das neue Kirchenjahr. Es ist in jeder Hinsicht eine besondere Zeit, in der viel Brauchtum gepflegt wird, das überall in Deutschland ein wenig anders ist. Gemeinsam ist überall der Brauch des Adventskranzes. Er wurde von Pastor Johann Wichern in Hamburg ins Leben gerufen. Er war Begründer des so genannten „Rauhen Hauses", einem Heim für Kinder und Jugendliche und um ihnen die Zeit des Wartens bis Weihnachten zu verkürzen, hing oder stellte er in den 1840er-Jahren einen Holzreif auf, und zündete jeden Tag eine neue Kerze an, bis der Kranz mit 24 Kerzen bis Weihnachten gefüllt war. Im Laufe der Jahre wurden daraus 4 Kerzen, immer eine für jeden Adventssonntag.

Eine andere traditionelle Form, die Vorfreude zu versüßen, entstand, weil die Ungeduld eines kleines Jungen eine Mutter auf die Idee brachte, ein großes Stück Karton mit 24 Feldern zu bemalen und auf jedes Feld ein Gebäckstück aufzuspießen. Der Junge hieß Gerhard Lang und man zählte das Jahr 1903 als der erste gedruckte Adventskalender herauskam. Die Idee wurde ein großer Erfolg und die Firma Reinhold & Lang in München brachte um 1920 auch den ersten Türchenkalender heraus.

Ein anderer wichtiger Brauch ist das Backen von Plätzchen, das Aufstellen eines Weihnachtsbaums und von Krippenfiguren, die die Weihnachtsgeschichte darstellen.

„Wir gestalten eine Advents-Weihnachtsfeier"

Im Lebensbereich Altenheim muss so eine Feierstunde nicht allein vom Pflegepersonal gestaltet werden. Es ist wichtig, zu wissen, das auch die Bewohner noch viel einbringen können. Sie haben einen reichen Erfahrungsschatz und können daraus vielleicht ein Lieblingsrezept für Weihnachtsgebäck, ein Lied, ein Gedicht, eine Geschichte oder ein persönliches Erlebnis „schenken". Beim Kaffeetrinken ist Zeit zum Erzählen, wie man früher Weihnachten feierte. Als Dekoration können Scherenschnittsterne aus Goldpapier hergestellt werden. Die Anleitung dafür ist in Kapitel 8.3.2 bei den handwerklichen Grundtechniken zu finden.

Möglicher Ablauf einer kleinen Feier:

- Musik
- Begrüßung
- Gedicht
- gemeinsames Lied oder auch ein vorgetragenes Musikstück
- ein Sketch oder kleines Anspiel
- Kaffeepause mit Zeit zum Austausch und zum Erzählen
- vielleicht eine kurze weihnachtliche Geschichte
- Raum für Geschenke oder eine „Bescherung"
- zum Abschluss Musik oder Gesang

Kuchenrezept für einen Gewürzkuchen

125 g	Margarine oder Butter	
300 g	Zucker	
4	Eier	(Margarine, Zucker und Eier schaumig rühren)
350 g	Mehl	(andere Zutaten nach und nach zugeben)
1	Päckchen Backpulver	
60 g	Kakao	
1 TL	gemahlene Nelken	
1 TL	Zimt	
1/2 TL	geriebene Muskatnuss	
1/2 L	Milch	

Rührteig in einer Kasten- oder Gugelhupfform bei mittlerer Hitze (180 bis 200°) ca. 45 bis 50 Min. backen.
Auf einem Backblech bäckt er ca. 20 bis 25 Min.
Nach dem Erkalten kann der Kuchen mit Schokoladenglasur überzogen werden.

Arbeitsauftrag:

1. *Planen Sie eine komplette Adventsfeier und orientieren Sie sich an der oberen Vorgabe.*
2. *Suchen Sie nach Liedern, Beiträgen und Gedichten und entwerfen Sie ein Programmblatt.*
3. *Suchen Sie nach alten weihnachtlichen Rezepten für Gebäck und Kuchen.*
4. *Gehen Sie Ihre Vorbereitungen nach den Vorbereitungshinweisen durch.*

Ergebnissicherung:

7.3.3 Die Trauerfeier – die andere Feierstunde

Eine Trauerfeier findet zum Abschied eines Verstorbenen statt. Sie setzt sich aus zwei Teilen zusammen, einmal die Beerdigung selbst und zweitens die so genannte Nachfeier, die in ländlichen Regionen als „Leichenschmaus" bezeichnet wird. Es wird noch einmal an das Leben und Wirken des Verstorbenen erinnert. Gleichzeitig soll eine Trauerfeier die Hinterbliebenen stärken und sichtbar machen, dass sie in ihrer Trauer nicht alleine sind. In der Regel kümmern sich Familienangehörige um die Nachfeier, aber es gibt auch Bestattungsfirmen, die diesen Service anbieten.
Wer sich für einen Beruf in der Altenhilfe entscheidet, ist unter Umständen täglich mit dem Tod konfrontiert und sollte in der Lage sein, darauf angemessen zu reagieren. Wir alle werden mit Sterben, Tod und Trauer konfrontiert und es ist etwas anderes, ob jemand persönlich betroffen ist, also selbst um einen Menschen trauert oder aber mit jemandem trauert, d. h. sein Mitgefühl zeigt. Grundsätzlich ist Trauer ein sehr persönlicher und individueller Prozess, denn jeder Mensch trauert anders. Manche Menschen ziehen sich zurück und wollen alleine sein, andere hingegen können genau das nicht ertragen und suchen die Gemeinschaft. Meist fehlen die Worte und wer selbst betroffen ist, kann „sprachlos" sein vor Trauer und Schmerz. In erster Linie geht es um den Betroffenen und nicht um den, der sein Mitgefühl zeigen möchte. Wir haben in unserer Sprache dafür entsprechende Redewendungen, die hilfreich sind und mit ein wenig Übung kann man lernen, auch mit solchen Situationen umzugehen.
Wir drücken dem Trauernden unser Beileid aus, d. h. wir sind bei ihm, in seinem Leid. Wir können unsere aufrichtige Anteilnahme aussprechen, d. h. wir nehmen Teil, haben Anteil an seiner Trauer. Todesanzeigen haben oft ein Motiv, die ein Hinweis darauf sein können, was die Hinterbliebenen bewegt hat. Mit Beileidsbekundung sollte sehr sensibel umgegangen werden. Nicht jeder Betroffene möchte das und es ist wichtig, die Bedürfnisse von Trauernden zu respektieren. Manchmal sagt ein Händedruck mehr als zu viele Worte.

Motive für Todesanzeigen und Trauerkarten

- die gebrochene Rose
- ein Baum mit einem abgefallenen Blatt
- ein Kreuz, mit oder ohne Sonnenstrahlen
- eine untergehende Sonne
- betende Hände, nach einer Arbeit des mittelalterlichen Künstlers Albrecht Dürer
- eine Taube mit Ölzweig, die nach christlicher Überlieferung ein Zeichen für Hoffnung bedeutet
- Engel
- Friedenstaube

Arbeitsauftrag:

1. *Bitte bringen Sie aus einer Tageszeitung zwei Todesanzeigen mit, bei denen Ihnen im Text etwas Ungewöhnliches aufgefallen ist.*
2. *Stellen Sie in der Klassengemeinschaft vor, was Sie ungewöhnlich fanden.*
3. *Was, vermuten Sie, könnte sich dahinter verbergen?*
4. *Versuchen Sie, den Text für eine Beileidskarte in Form der Ergebnissicherung zu formulieren.*
5. *Tauschen Sie sich in Kleingruppen über Ihre Ergebnisse aus und helfen bzw. korrigieren Sie einander.*

Ergebnissicherung:

Fazit

- Eine Feierstunde dient der Gemeinschaft und Besinnung.
- Auch eine Trauerfeier ist eine Festlichkeit.
- Es ist Zeit zum Erzählen und dem Wachwerden von Erinnerungen.
- Eine Feier bietet Raum zum Singen und Spielen.
- Die Freude an schönem Tischschmuck, an Kerzenschein, Kaffee, Kuchen und Gebäck macht einen wichtigen Teil der Feier aus.
- Auch im Altenwohnheim ist die Advents- und Weihnachtszeit eine besondere Zeit.

Merksatz

Für ältere Menschen sind besondere Feierstunden wichtig, vor allem wenn sie keine Angehörigen mehr haben.

Literaturhinweis:

Gräfin Schönfeld, Sybill: Feste & Bräuche durch das Jahr, Urania Verlag, Berlin, 2000.

8 Musische, kulturelle und handwerkliche Beschäftigungs- und Bildungsangebote

8.1 Basisinformation: Musik als Lebensausdruck

Musik ist ein elementares menschliches Bedürfnis und ein wichtiger Bestandteil des Lebens. In allen Völkern dieser Welt gehört Musik zum kulturellen Leben, in Form von Gesang und Tanz, mit oder ohne Instrumente. Musik begleitet die Menschen in der Religion, bei der Arbeit, in den verschiedenen Traditionen, bei Festen und Veranstaltungen, von der Kindheit bis zum Alter.

Musik dient der Gemeinschaft genauso wie dem einzelnen Individuum. Sie kann Lebensfreude ausdrücken, aber auch Besinnlichkeit und Trauer. Musik überwindet Grenzen und Sprachen und kann Menschen verbinden, die sonst nichts miteinander zu tun haben. Internationale Orchester und Chöre sind dafür der beste Beweis.

In unserem Kulturkreis ist es üblich, zwischen so genannter ernster Musik und leichter oder Unterhaltungsmusik zu unterscheiden, wobei das sicher nicht dem wirklichen Wesen von Musik entspricht, denn auch ernste Musik kann unterhalten, aber diese Bezeichnungen helfen, bestimmte Musikformen zuzuordnen. Der ganze Bereich der klassischen Musik, Konzerte, Opern und Kirchenmusik wird eher der ernsten Musikrichtung zugeordnet, während Musicals, Operetten, Filmmusik, so genannte Evergreens, Schlager, Pop- und Rockmusik zur leichten Musik zählen. Volkmusik mit ihren modernen Varianten gehört im weitesten Sinn auch zur leichten Musik und Spirituals, die ihre tiefen Wurzeln in den amerikanischen Sklavengesängen haben, sind auch Populärmusik, obwohl sie von ihren religiösen Texten her eher zum Bereich der ernsten Musik gehören. Wenn man von der großen Instrumentalmusik mal absieht, wird Musik zu einem großen Teil vom Gesang bestimmt.

Die Stimme eines Menschen ist sein ureigenstes Ausdrucksinstrument und die ursprünglichste Art, Musik zu machen, sei es über Lautmalerei oder Gesang, ob alleine oder zusammen mit anderen. Es geht grundsätzlich nicht um die Qualität des Gesangs – die hängt von Begabung, vielleicht Ausbildung und Übung ab –, sondern um das von der Natur gegebene „Grundvermögen“, nämlich die Möglichkeit, seine Stimmbänder zum Schwingen zu bringen, das jeder Mensch besitzt.

Lernziel

Unser gegenwärtiges Leben ist geprägt von einem Überangebot an Musik. Wir können immer und überall Musik hören und das Konsumieren hat in vielerlei Hinsicht das eigene Musizieren verdrängt. Um die Bedeutung von Musik im Leben älterer Menschen zu verstehen, ist die Auseinandersetzung mit dem, was sie geprägt hat, wichtig. Es stärkt das Persönlichkeitsprofil eines Mitarbeiters in der Altenhilfe, auch Musikformen zu kennen und mit ihnen umzugehen, die nicht der eigenen Zeit und dem eigenen Geschmack entsprechen. Wer in der Lage ist, alte Volksweisen zu singen oder mitzusingen, eröffnet sich damit auch neue Zugänge zu älteren Menschen.

8.1.1 Gesang im Leben älterer Menschen

Im Verlauf des Alterungsprozesses verändert sich die Stimme, aber auch Hochbetagte können noch singen. Da der gemeinsame Gesang in der Vergangenheit einen hohen Stellenwert hatte und in der Gesellschaft weitaus häufiger verbreitet war als heute, ist unter der älteren Generation eine durchweg positive Einstellung zum Singen vorzufinden. Singen beeinflusst die Stimmung und kann Ausdruck für eine Stimmung sein. Das Angebot an volkstümlichen Weisen, Kirchenliedern, Liedern für Feste, zum Tageslauf, den Jahreszeiten, dem Wandern, dem Wald, der Jägerei und der Seefahrt ist überaus groß. Weiter gibt es heitere Lieder, Lieder zu den Themen Liebe und Freundschaft, zum Abschied, zum Lobe Gottes und zum Weihnachtskreis. Auch sollten die vielen so genannten Evergreens und Schlager nicht vergessen werden, die in den jungen Jahren der jetzt älteren Menschen aufkamen. Lieder erzählen Geschichten, wecken Erinnerungen und können zu körperlichen Aktivitäten in Form von Bewegungs- und Tanzliedern ermuntern. Die Polonaise ist ein Beispiel dafür. Man kann mitklopfen oder -klatschen, durch den Text die Konzentration fördern und unterstützen, Atmung und Stimme trainieren und nicht zuletzt von Schmerzen und Sorgen ablenken. Singen fördert die Gemeinschaft und kann die Einsamkeit erträglich machen. Bei Menschen mit Demenz haben alte Kinderlieder eine große Bedeutung, weil das Singen oder Summen der häufig vorkommenden motorischen Unruhe entgegen wirkt und darüber hinaus an frühkindliche Erinnerungen anknüpft.

Arbeitsauftrag:

1. *Bitte kreuzen Sie von der nachfolgenden Liste die Lieder an, die Ihnen bekannt sind.*
2. *Tauschen Sie sich im Anschluss mit Ihren Mitschülern darüber aus, wer welche Lieder kennt.*
3. *Entscheiden Sie, welche Sie miteinander lernen wollen.*
4. *Wie wollen Sie dabei vorgehen?*
5. *Halten Sie Ihre Entscheidung in der Ergebnissicherung fest.*

Abend wird es wieder	
Ade zur guten Nacht	
Ännchen von Tharau	
Alle Jahre wieder	
Alle Vögel sind schon da	
Als wir jüngst in Regensburg waren	
Am Brunnen vor dem Tore	
Am Weihnachtbaume die Lichter brennen	
An der Saale hellem Strande	
Auf, auf zum fröhlichen Jagen	
Auf der Lüneburger Heide	
Auf der schwäb'sche Eisebahne	
Auf du junger Wandersmann	

Bald gras' ich am Neckar	
Bergvagabunden (Wenn wir erklimmen ...)	
Bruder Jakob	
Brüderlein fein	
Bunt sind schon die Wälder	
Das Lieben bringt groß Freud	
Das Wandern ist des Müllers Lust	
Dass du mein Liebster bist	
Der Jäger in dem grünen Wald	
Der Jäger längs dem Weiher ging	
Der Mond ist aufgegangen	
Die Blümelein sie schlafen	
Die Gedanken sind frei	

Die Tiroler sind lustig	
Du, du liegst mir im Herzen	
Ein Jäger aus Kurpfalz	
Ein Vogel wollte Hochzeit machen	
Es blies ein Jäger wohl in sein Horn	
Es dunkelt schon in der Heide	
Es geht eine helle Flöte	
Es klappert die Mühle am rauschenden Bach	
Es tönen die Lieder	
Es war im Böhmerwald	
Es zogen drei Burschen wohl über den Rhein	
Freude, schöner Götterfunken	
Freut euch des Lebens	
Fröhliche Weihnacht überall	
Frühmorgens wenn die Hähne krähen	
Geh aus mein Herz und suche Freud	
Großer Gott wir loben dich	
Grün, grün, grün sind alle meine Kleider	
Grüß Gott, du schöner Maien	
Guten Abend, gute Nacht	
Guter Mond, du gehst so stille	
Hab mein Wagen vollgeladen	
Heideröslein (Sah' ein Knab ein Röslein stehn ...)	
Heißa Kathreinerle	
Heut' kommt der Hans zu mir	
Hoch auf dem gelben Wagen	
Hört ihr Herrn und lasst euch sagen	
Horch' was kommt von draußen rein	
Ich weiß nicht, was soll das bedeuten	
Im Frühtau zu Berge	
Im Krug zum grünen Kranze	
Im Märzen der Bauer	
Im schönsten Wiesengrunde	
Im tiefen Keller sitz ich hier	
In einem kühlen Grunde	
Jetzt fängt das schöne Frühjahr an	
Jetzt fahr'n wir übern See	
Jetzt gang i an's Brünnele	
Jetzt kommen die lustigen Tage	
Kein Feuer, keine Kohle	

Kein schöner Land in dieser Zeit	
Kling, Glöckchen Klingelingeling	
Kommet ihr Hirten	
Kommt ein Vogel geflogen	
Kuckuck, Kuckuck ruft's aus dem Wald	
Lang, lang ist's her	
Lasst doch der Jugend ihren Lauf	
Lasst uns froh und munter sein	
Laterne, Laterne, Sonne, Mond und Sterne	
Leise rieselt der Schnee	
Letzte Rose	
Lustig ist das Zigeunerleben	
Mädle, ruck, ruck, ruck an meine grüne Seite	
Maikäfer flieg	
Mein Hut, der hat drei Ecken	
Mein Vater war ein Wandersmann	
Morgen Kinder wird's was geben	
Morgen muss ich fort von hier	
Muss i denn, muss i denn zum Städtele hinaus	
Nehmt Abschied Brüder	
Nun ade du mein lieb Heimatland	
Nun danket alle Gott	
Nun ruhen alle Wälder	
Nun will der Lenz uns grüßen	
Nun wollen wir singen das Abendlied	
O du fröhliche, o du selige	
O du lieber Augustin	
O Tannenbaum	
O wie wohl ist mir am Abend	
Schlafe, mein Prinzchen, schlaf ein	
Schön ist die Jugend	
Schön ist die Welt	
Schön ist ein Zylinderhut	
So nimm denn meine Hände	
Stille Nacht, heilige Nacht	
Süßer die Glocken nie klingen	
Tochter Zion	
Trara die Post ist da	
Üb immer Treu und Redlichkeit	
Und in dem Schneegebirge	

Und jetzt gang i an Petersbrünnele	
Viel Glück und viel Segen	
Vom Himmel hoch, da komm ich her	
Was soll das bedeuten	
Weißt du, wie viel Sternlein stehen	
Wem Gott will rechte Gunst erweisen	
Wenn alle Brünnlein fließen	
Wenn ich den Wandrer frage	
Wenn ich ein Vöglein wär	
Wer recht in Freuden wandern will	
Wie schön blüht uns der Maien	
Wohlan, die Zeit ist kommen	
Wohlauf in Gottes schöne Welt	
Wohlauf die Luft geht frisch und rein	
Wo mag denn nur mein Christian sein	
Zum Tanze da geht ein Mädel	
Zwischen Berg und tiefem, tiefem Tal	

Ergebnissicherung:

8.1.2 Einfaches mehrstimmiges Singen.

Das mehrstimmige Singen kann am einfachsten mit Kanonsätzen erarbeitet und mit alten Menschen auch umgesetzt werden. Die Vorteile des Kanons liegen auf der Hand, denn Text und Melodie sind kurz und leicht auswendig zu lernen. Der Tonumfang bewegt sich meist in dem so genannten „Fünftonbereich“, d. h. der Umfang der Melodie übersteigt selten mehr als fünf Töne oder rankt sich um einen Grundton, der oft auch die Gesamttonart des Liedes bestimmt. Viele einfache Kinderlieder und auch Volkslieder und Schlager sind nach diesem Prinzip gearbeitet. Deshalb sind sie so leicht zu lernen und von der Melodie her so eingängig. Ist die erste Zeile eines Kanons erst einmal erlernt, kann die zweite und auch dritte folgen, die sich oft sehr ähneln. Manchmal kommt eine vierte Zeile hinzu. Daraus ergibt sich dann, dass mit einem einfach gesetzten Kanon, einer einfachen, schlichten Melodie bis zu vierstimmiger Gesang möglich ist.

Übungsbeispiel ist der bekannte Kanon „Viel Glück und viel Segen“, der gleichzeitig ein altes und bei älteren Menschen beliebtes Geburtstagslied ist.

Viel Glück und viel Segen

Kanon zu 4 Stimmen

Werner Gneist (1898 bis 1980)

Arbeitsauftrag:

1. *Summen Sie zunächst die Melodie einstimmig und versuchen dann die zweistimmige Version.*
2. *Danach probieren Sie das Ganze mit Text.*
3. *Sollte es in Ihrer Schuleinrichtung Orff-Instrumente geben, erarbeiten Sie eine einfache Begleitung mit Xylophon, Triangel und Klanghölzern.*
4. *Wechseln Sie sich in der Klassengemeinschaft bitte beim Üben ab.*

8.1.3 Alte Kinderlieder

Früher wurde auch in Kindertagen mehr gesungen als heute. Die Schule begann mit einem Gebet und/oder Morgenlied, bei Ausflügen und auf Wanderungen war Gesang üblich und auch in Freizeitangeboten, die es auf Vereinsebene gab, war das Singen vertreten. Gerade die einfachen und sehr einprägsamen Melodien der Kinderlieder sind bei älteren Menschen präsent. Die Texte sind manchmal witzig, manchmal ernst und haben auch ethischen und moralischen Charakter. Sie erzählen Geschichten und regen zum Mitmachen an und haben von daher in der Betreuung von Hochbetagten einen hohen Stellenwert. Eine kleine Auswahl dient als Impuls zum Singen, Vorsingen und Mitsingen in der Betreuung von älteren Menschen.

Schlaflieder:

- Die Blümelein, sie schlafen schon
- Der Mond ist aufgegangen
- Guten Abend, gut' Nacht
- Schlaf, Kindlein, schlaf
- Weißt du, wie viel Sternlein stehen

Lieder über Tiere:

- Alle meine Entchen
- Der Kuckuck und der Esel
- Ein Schneider fing 'ne Maus
- Ein Vogel wollte Hochzeit machen
- Fuchs, du hast die Gans gestohlen
- Häschen in der Grube
- Hopp, hopp, hopp
- Maikäfer flieg
- Wenn ich ein Vöglein wär

Lieder zu Jahreszeiten:

- Alle Vögel sind schon da
- Der Mai ist gekommen...
- Im Märzen der Bauer
- Nun will der Lenz uns grüßen

Sonstiges:

- Ein Männlein steht im Walde
- Hänschen klein
- Zeigt her eure Füße

Arbeitsauftrag:

1. *Probieren Sie sich im Singen von alten Kinderliedern.*
2. *Stellen Sie eine Übersicht von Volks- und Kinderliedern für einen Singnachmittag zusammen, der unter dem Gesichtspunkt einer Jahreszeit stattfindet, z. B. Frühlingsbeginn.*
3. *Überlegen Sie, welche einfachen Musikinstrumente die älteren Menschen spielen könnten.*
4. *Haben Sie eine Idee, Musikinstrumente selber mit Senioren zu bauen?*

Ergebnissicherung:

Fazit

- Musik ist ein elementarer Bestandteil des Lebens.
- Sie weckt Erinnerungen und Gefühle.
- Musik ist Ausdruck von Lebensfreude.
- Sie lenkt von Trauer und Schmerzen ab.
- Jeder Mensch kann singen.
- Musik und Gesang aktivieren ältere Menschen in besonderer Weise.

Merksatz

Musik und Gesang bereichern die Lebensqualität älterer Menschen und sollten auch im Alltag eingesetzt werden.

Literaturhinweis:

Harms, Heidrun; Dreischulte, Gaby: Musik erleben und gestalten mit alten Menschen, 2. Auflage, Urban & Fischer Verlag München, Jena 2004.

8.2 Basiswissen: Was ist Spielen?

Eine alte irische Weisheit bezeichnet das Spielen als Geheimnis der Jugend. Daraus lässt sich ableiten, dass Spielen etwas mit Jungsein oder jung bleiben zu tun hat, egal wie alt ein Mensch ist.

Auf jeden Fall ist Spielen nicht nur etwas für Kinder und junge Menschen und die nachfolgenden Gedanken sind der Versuch einer Begriffsklärung.

Spielen ist Unterhaltung, Zeitvertreib und ähnlich wie Musik Ausdruck von Lebensfreude. Spiele gibt es in allen Kulturen und manche haben eine lange Tradition. Sie bedeuten Anregung für den Körper, den Geist und die Seele. Wenn sie den Körper anregen, dann geht es um Bewegung, Reaktion und Handlung. Richten sich die Impulse an den Geist, so sind Wahrnehmung und Denkfähigkeit gefordert. Spiele für die Seele sprechen Gefühle und Empfindungen an. Spielen verbindet und schafft Gemeinschaft, denn mitspielen kann jeder ohne Ansehen der Person, des Standes, der Herkunft, Sprache, Hautfarbe, Rasse und Kulturzugehörigkeit. Spielen ist intuitiv, spontan und bedürfnisorientiert und hat unter diesen Gesichtspunkten mit Arbeit nichts gemeinsam, weil Arbeit gezieltes, zweckorientiertes Handeln ist. Gleichzeitig übt jedes Kind im Spiel elementare Fertigkeiten fürs Leben, selbst wenn das Spielen für sich betrachtet nicht nützlich sondern zweckfrei ist und die Spielziele allein dem Spiel dienen. Wer Kindern beim Spielen zuschaut, kann entdecken, dass sie spielen, um zu spielen. Kleinkinder nehmen Holzklötze und bauen damit einen Turm, um einen Turm zu bauen. Sie werfen ihn selber wieder um und beginnen von Neuem. Sie schulen dabei die Motorik ihrer Hände und lernen, dass der Turm gerade gebaut werden muss, damit er nicht schon im halb fertigen Zustand umfällt und sie lernen Geduld und Ausdauer. Für Erwachsene ist Spielen Ausgleich und Gegengewicht zur Arbeit, zum „Ernst des Lebens".

Lernziel

Dieses Kapitel will einen Überblick über die gängigsten Spielformen vermitteln, zum Spielen anregen und in der Reflektion Fördermöglichkeiten für ältere Menschen aufzeigen.

8.2.1 Spieltheoretische Grundlagen

Jedes Spiel ist bestimmt von Inhalten, Formen und Regeln genauso wie es auch vom Zufall und vom Glück bestimmt werden kann. Wie im „richtigen" Leben, so wird auch ein Spiel von Werten, Leistungen und besonderen Fähigkeiten mitbestimmt. Immer geht es darum, das Ziel des Spiels zu erreichen.

8.2.2 Spielkategorien und entsprechende Beispiele

Kontaktspiele

sind alle Spiele, die der Erstbegegnung dienen. Man nennt sie auch Anwärm- oder „Eisbrecherspiele".

Beispiel: Zum Kennenlernen sitzen oder stehen alle Teilnehmer im Kreis. Jeder stellt sich mit seinem Namen vor und nennt gleichzeitig mit dem Anfangsbuchstaben seines Namens eine Blume, z. B. Gerda-Geranie oder Sebastian-Sonnenblume. Der nächste Teilnehmer wiederholt den Blumennamen und fügt seinen eigenen samt Blumennamen hinzu und so geht es weiter, bis alle Teilnehmer an der Reihe waren.

Bewegungsspiele

dienen der Anregung des Körpers, der Beweglichkeit.

Beispiel: „Alle Vögel fliegen hoch" ist ein Spiel bei dem alle Teilnehmer im Kreis sitzen, vorzugsweise an einem Tisch und immer mit den Armen in die Höhe gehen, wenn etwas genannt wird, das wirklich fliegen kann, z. B. Federn, Luftballons und Schwäne. Wird etwas genannt, was nicht fliegen kann – z. B. ein Eisbecher – sollten alle Arme unten bleiben. Reagiert jemand trotzdem, scheidet er aus.

Geschicklichkeitsspiele

Diese Spiele verstehen sich als Übungsmöglichkeit für Grob- und Feinmotorik. Sie üben Gelenkigkeit, Wendigkeit und Fingerfertigkeit.

Beispiel: Ein bei älteren Menschen beliebtes Geschicklichkeitsspiel für die Hände ist das „Fadenspiel". Bei ihm wird ein ca. 80 bis 100 cm langer Faden zusammengeknotet. Durch geschicktes Fädeln des Garns um die Hände und Finger entsteht ein Muster, das von einem Partner durch andere Bewegungen abgenommen werden kann, wobei ein neues Motiv entsteht. Es wird so lange gespielt, bis die Abfolge von Mustern von vorne beginnt.

Wahrnehmungsspiele

widmen sich der Erhaltung und Förderung der fünf Sinne, Sehen, Hören, Riechen, Schmecken und Tasten. Je mehr Sinne gleichzeitig angesprochen werden, desto besser und bei Hochbetagten erhalten und verbessern diese Spiele die noch vorhandenen Fähigkeiten. Diese Spielart will nicht den Wettbewerb, sondern das Erlebnis. Bemerkenswert ist, das unser Riechsinn am wenigsten ausgeprägt ist. Mehr als fünf bis sechs Gerüche hintereinander sollten nicht angeboten werden, da die Unterscheidung sonst zu schwer wird.

Beispiele: Der Tastsack ist ein Wahrnehmungsspiel, das den Tastsinn anregt und fördert. In einem Beutel werden verschiedene kleine Gegenstände aus dem Haushalt gesammelt (Schlüssel, Holzkugel, Wäscheklammer, Korken, Schraubdeckel u. s. w.). Die gleichen Gegenstände die sich im Beutel befinden, liegen noch einmal offen auf dem Tisch, einem Tuch oder Tablett. Die offen liegenden Gegenstände müssen nun der Reihe nach durch Ertasten im Beutel gefunden werden, wobei die Spielregeln variieren können. Weiter unten kommt dieses Spiel in Form einer seniorengerechten Spielanleitung noch einmal vor. Um das Hören zu fördern, können z. B. Pappschachteln mit verschiedenen Materialien gefüllt werden. Der Inhalt kann aus Sand, Reis, Perlen oder kleinen Steinen bestehen, Hauptsache er lässt sich schütteln und erzeugt ein Geräusch. Mit verbundenen Augen lassen sich der Geruchssinn und der Geschmackssinn anregen, wobei man in kleine Dosen verschiedene Gewürze oder Teesorten füllen kann, die dann zu erkennen sind. Auch unterschiedliche Lebensmittel können erraten werden. Es geht dabei immer um das Wiedererkennen von schon Vertrautem.

Konzentrationsspiele

sollen die Fähigkeit fördern und erweitern, die Gedanken auf eine einzelne Tätigkeit zu lenken und sich dabei nicht stören zu lassen.

Beispiele: Alle Puzzlespiele gehören zu dieser Spielkategorie, Geschichten hören und erzählen, aber auch Strategiespiele wie z. B. Schach, Mühle und Dame fordern die ganze Konzentration.

Wort- und Gedächtnisspiele

dienen der Erhaltung, Reaktivierung und Förderung der kognitiven Fähigkeiten. Dazu gehören alle Prozesse der Wahrnehmung, des Lernens, des Behaltens und Erinnerns, des Vorstellens und Denkens, auch des Nachdenkens. Ziel der Spiele, die das Gedächtnis fördern und trainieren ist, die Förderung des Selbstvertrauens im Umgang mit geistigen Fähigkeiten und die Stützung des Selbstbildes, denn der ältere Mensch erlebt, das er noch etwas kann. Die Stärkung der kognitiven Fähigkeiten kann zum besseren Zurechtkommen im Alltag beitragen.

Beispiel: Es wird ein Überbegriff aus der Tier- und Pflanzenwelt, Geografie (Länder, Städte), Hausrat oder Lebensraum gewählt. Nun beginnt ein Mitspieler und nennt ein Wort, das zu dem Überbegriff passt. Der nächste Mitspieler bildet mit dem letzten Buchstaben des vorangegangen Wortes den nächsten Begriff. Überbegriff Tiere: Affe, Elefant, Tiger, Reh, Hase, Esel, Leopard, Dromedar, Regenwurm, Maus, Schlange, Eisbär, Ratte u.s.w. Die gleiche Aufgabe kann auch alphabetisch geordnet werden: Affe, Bär, Chamäleon, Dachs, Esel, Fuchs, Gans, Hase, Igel, Jaguar, Kamel und so fort. Man kann zu einem Überbegriff auch ungeordnet sammeln z.B. bei dem Überbegriff Frisör: Fön, Shampoo, Kämme, Spiegel, Lockenwickler und vieles mehr.

Quiz-, Rate- und Rätselspiele

rufen in irgendeiner Form Wissen ab. Sie sollten immer in Kleingruppen gespielt werden, damit sich niemand allein bloßgestellt fühlt, wenn er etwas einmal nicht weiß.

Beispiele: Das Abfragen und Ergänzen von Redewendungen ist bei älteren Menschen besonders beliebt. Morgenstund' ... (hat Gold im Mund), die dümmsten Bauern ... (haben die dicksten Kartoffeln), Ohne Fleiß' ... (kein' Preis). Auch die so genannten „Montagsmaler" gehören in die Kategorie Rätsel- und Ratespiele. Dabei wird ein Begriff aus einem Märchen, ein Sprichwort oder anderes gezeichnet und die Ratenden müssen ihn entsprechend zuordnen, wie sieben Berge zu Schneewittchen oder ein langer Zopf zu Rapunzel. Das schon legendäre Fernsehratespiel „Was bin ich?" von und mit Robert Lembke aus den 60ziger Jahren, ein Ratespiel um Berufe, lässt sich gut mit älteren Menschen nachspielen.

Karten-, Würfel- und Streichholzspiele

sind vor allem auch Gemeinschaftsspiele.

Beispiele: Mau-Mau, Elfer-raus, Skat, Poker oder Rommé, sind relativ gängige Kartenspiele, genauso wie Spiele mit einem oder mehreren Würfeln und einem Becher, wobei die Spielregeln sehr unterschiedlich sein können. Immer werden die Punkte der Würfel in besonderer Kombination zusammen gezählt. „Kniffeln" ist sicher die bekannteste Variante. Mit Streichhölzern lassen sich Buchstaben, Namen und einfache Rechenaufgaben legen. Ist die Anzahl der Streichhöler begrenzt, erhöht das den Schwierigkeitsgrad.

Brettspiele

können aus allen Bereichen sein, da sie, wie der Name sagt, auf einem Brett stattfinden.

Beispiele: Mensch ärgere dich nicht, Halma, Malefitz und Monopoly, um nur einige der bekanntesten Klassiker unter den Brettspielen zu nennen, sind in der Regel auch älteren Menschen vertraut.

Anspiele und Sketche

spielen das ganz normale Leben nach. Sie dienen der Unterhaltung und sollen zum Gespräch und/oder zum Nachdenken anregen.

Beispiel: Die einfachste Art eines Anspiels ist der gespielte Witz.

Pantomime und Rollenspiele

sind beides Spielvarianten, die auch aus dem Alltag kommen. Die bekannteste Art des Rollenspiels ist das Spielen mit Puppen. Das Rollenspiel vom „Anspiel" unterscheidet, dass ich in einer Rolle auch so „tun kann als ob". Durch entsprechendes Verhalten kann jemand im Rollenspiel ein Tier oder Gegenstand sein und die Pantomime ist die lautlose Variante dazu. Die nachfolgende Anregung kann auch im Unterricht nachgespielt werden.

Beispiel: „Wir spielen ein Heimatstück". Bei diesem Spiel übernimmt jeder Mitspieler einen Teil der Handlung. Es werden keine Utensillen gebraucht, weil alles von den mitspielenden Personen dargestellt werden kann. „Der Vorhang geht auf", zwei Teilnehmer stehen nebeneinander und bewegen sich mit kleinen Schritten voneinander weg. „Der Vorhang geht wieder zu" und die Spieler bewegen sich zurück, also ist der Vorhang wieder zu. Dann kommt die Beleuchtung, dann das Bühnenbild mit einem Baum oder mehreren Bäumen, die sich im Abendwind wiegen, der Mond geht hinter einem Berg auf, ein paar Tiere hüpfen herum, vielleicht ein Reh, ein Bach plätschert durch den Wald, eine Bank steht da und dann kommt ein Liebespaar. Das Mädchen setzt sich auf die Bank, der Jüngling kniet nieder und fragt: „Geliebte geht es dir nicht gut?" Sie antwortet: „Nein, Geliebter, es geht mir nicht gut." Die Pointe ist, dass dann aus Unpässlichkeit der Hauptdarsteller das Stück leider ausfallen muss. Das sagt dann der Spielleiter. Der Spaß an dem Spiel entsteht dadurch, dass jede neue Aktion, die hinzu kommt, für sich geübt wird und dann beginnt alles wieder von vorne.

Lied-, Sing- und Tanzspiele

stellen die Verbindung von Musik und Spiel, Gesang und Bewegung her.

Beispiel: In dem alten Kinderlied „Zeigt her eure Füßchen, zeigt her eure Schuh' und sehet den fleißigen Wäscherinnen zu" wird die Arbeit eines Berufsstandes besungen und die einzelnen Tätigkeiten mit den entsprechenden Bewegungen dargestellt.

Arbeitsauftrag:

1. *Was oder womit haben Sie als Kind gerne gespielt?*
2. *Können Sie Ihr Lieblingsspiel oder -spiele den oben genannten Spielkategorien zuordnen?*
3. *Was konnten Sie bei diesen Spielen lernen?*
4. *Von welchen der oben genannten Beispiele haben Sie schon einmal gehört?*
5. *Kennen Sie von Ihren Eltern oder Großeltern alte Spiele? Wenn ja, welche?*
6. *Halten Sie Ihre Ergebnisse bitte in Stichworten fest.*

Ergebnissicherung:

8.2.3 Besonderheiten im Spiel mit älteren Menschen

Das Leben der heute 70- bis 80-Jährigen war oft schon in Kindertagen von Arbeit geprägt. Wirtschaftliche Notsituationen zwangen sie, mitzuhelfen und Geld zu verdienen. Wer den Lebensgeschichten älterer Menschen zuhört, wird feststellen, dass sie häufig wenig oder gar keine Zeit zum Spielen hatten und im Erwachsenenalter das auch als „Kinderkram" abgetan haben. Im Grunde fehlen ihnen damit Erfahrungen, an die sie anknüpfen könnten. Für eine Betreuungskraft ist es in diesem Zusammenhang eine besondere Herausforderung, dem älteren Menschen Spielen als Lebensbereichung anzubieten, die neben anderen Aktivierungsmaßnahmen auch der Erhaltung und Förderung von sozialen Kompetenzen dient. Weiter trägt Spiel zur Steigerung des Lebensgefühls bei und ist eine sinnvolle Beschäftigung für sich alleine. Spielen ist ein Gemeinschaftserlebnis, eine Kommunikationsbrücke und hilft beim Abbau von Spannungen. Es stärkt die Wahrnehmung und hilft, alle Sinne zu erhalten und zu pflegen. Bei der Auswahl der Spiele ist darauf zu achten, dass Spiele in denen es um Konkurrenz, Wettkämpfe und Leistungsbeweise geht, für Senioren nicht geeignet sind. Spielen ist nicht dazu da, dem älteren Menschen die eigenen Unfähigkeiten und Grenzen vor Augen zu führen, sondern Spiel hat die Aufgabe, zur Lebensfreude beizutragen.

Für den nächsten Arbeitsauftrag ist vorher abzuklären, wer sich um das Mitbringen der Spiele kümmert.

Arbeitsauftrag:

1. *Bitte spielen Sie die unten in der Tabelle aufgeführten so genannten „Spielklassiker" durch.*
2. *Ordnen Sie die Spiele den in diesem Kapitel beschriebenen Spielkategorien zu.*
3. *Beurteilen Sie dann, was diese Spiele unter dem Gesichtspunkt der Aktivierung bei älteren Menschen fördern.*
4. *Bitte erarbeiten Sie diese Aufgabe in der Gemeinschaft. Sie ergibt sich aus der Anzahl der Spielteilnehmer.*
5. *Halten Sie Ihre Ergebnisse kurz schriftlich fest.*
6. *Besprechen Sie sie in der Klassengemeinschaft.*

Spiel	Spielkategorie	Was aktiviert und fördert diese Spiel bei Senioren?
Domino		
Halma		
Mensch ärgere dich nicht		
Mühle oder Dame		
Mikado		
Memory		

Grundausstattung

Bei der Ausstattung von seniorengerechten Spielen gibt es wesentliche Merkmale, die zu beachten sind, damit die Aufgabe des Spielens auch erfüllt werden kann.

- Sie sollten für die Hände älterer Menschen geeignet sein.
- Große Formate sind, ähnlich wie bei kleineren Kindern, nützlich. Karten sind in einer Größe von 9 x 9 cm sinnvoll und Würfel sollten eine Kantenlänge von wenigsten 3 cm haben.
- Kreuzworträtsel z. B. sind in der Regel zu klein für ältere Menschen, können aber für den Eigenbedarf durch Fotokopieren vergrößert werden (DIN-A4- oder DIN-A3-Format).
- Die Spiele sollten mit dem Alltag und dem Leben der Betroffenen zu tun haben.
- Sie sollten einer möglichen Behinderung gerecht werden.
- Es ist sehr lohnend, Spiele für die zu betreuenden Senioren selbst herzustellen, weil so sehr konkrete Bedürfnisse berücksichtig werden können. z. B. kann aus einem Postkartenkalender, dessen Karten in der Mitte auseinander geschnitten werden, das Spiel werden: zwei Teile – ein Ganzes. Ein Memory zum Tasten kann entstehen, aus Nudeln, Schrauben, Knöpfen, Kordeln und Bändern, Schleifpapier, Fellresten oder Leder.

Arbeitsmaterial

Neben den fertigen, zu kaufenden Spielen und Spielkästen, eignen sich für sehr viele Spiele einfache Haushaltsgegenstände wie Papier, Schere, Stifte, große Bilder und Fotos, Ansichtskarten, große Buchstaben aus Zeitungen, Pappschachteln, Wolle, Bälle, Korken, Streichhölzer, Würfel, alte Kleidung für Rollenspiele, Brillen, Handtaschen und vieles mehr.

8.2.4 Spielanleitung und Spielleitung

Spielanleitung

Die Spielanleitung ist im Grunde die „Bedienungsanleitung" für das Spiel. Eine gute Spielanleitung sollte immer folgendes enthalten und beschreiben:

1. Inhalt und Zubehör des Spiels (z. B. Spielbrett, Figuren usw.)
2. die Zielgruppe und die Anzahl der möglichen Mitspieler
3. die genaue Beschreibung des Spielablaufs
4. die dazugehörenden Regeln
5. das Ziel des Spiels
6. mögliche Variationen

Eine Spielanleitung für Senioren sollte in großen Buchstaben geschrieben sein. Ist das nicht der Fall, kann auch hier das Format größer fotokopiert werden. Weiter ist eine verständliche und einfache Formulierung wichtig. Es ist besonders darauf zu achten, dass die Regeln klar dargestellt werden und der Sinn des Spiels vermittelt wird. Eine Spielanleitung, die schwer zu lesen und zu verstehen ist, weckt keine Interesse am Spiel. Nachfolgend ein inhaltlich seniorengerechtes Beispiel.

Der Tastsack

Spielzubehör und Spielsinn:	Zu dem Spiel gehören ein kleiner Baumwollsack mit 15 in Material und Form unterschiedlichen Hausratsgegenständen, die jeweils doppelt vorhanden sind, also insgesamt 30 Teile. Dieses Spiel soll den Tastsinn anregen.
Mitspieler:	Das Spiel ist geeignet für 2 bis 5 Mitspieler.
Spielrahmen:	Alle Teile werden in den Sack gesteckt. Das Band des Sackes wird so weit zugezogen, dass nur noch Platz ist, um mit einer Hand hinein zu kommen.
Spielregeln und -Verlauf:	Gespielt wird reihum im Uhrzeigersinn. Ein Spieler greift in den Sack, holt einen ertasteten Gegenstand heraus und legt ihn gut sichtbar auf den Tisch. Nun kommt der nächste Mitspieler dran, der den gleichen Gegenstand finden muss. Findet der Mitspieler ihn nicht, geht die Aufgabe an den Nächsten weiter.
Spielende:	Es wird so lange gespielt, bis der Sack leer ist.
Spielvariationen:	Es können auch drei oder vier gleiche Gegenstände im Sack sein, die erkannt werden müssen.

Spielleitung

Der Spielleiter hat die Animationsaufgabe. Er regt zum Spiel an, macht Lust und hält die Fäden in der Hand. Für jede Spielleitung gilt, dass der Spielleiter eine positive Einstellung zum Spiel haben sollte. Wer selbst Freude am Spiel empfindet, kann auch dazu beitragen, dass der Funke überspringt. Alle Spiele sollten vorher ausprobiert werden. Sie müssen auf ihre „Tauglichkeit" für die entsprechende Gruppe überprüft werden. Die Spielleitung muss pädagogisches Geschick besitzen. Ein gutes Verhältnis von Distanz und Nähe, Ruhe und Geduld, Einfühlungsvermögen, Problembewusstsein und Kontaktfähigkeit sind nur einige Voraussetzungen die eine Spielleitung mitbringen sollte. Das gilt für das Spielen in allen Altergruppen. Bei Senioren ist besonders darauf zu achten, dass die Zeitplanung stimmt, denn die Spiele dürfen nicht zu lange dauern, da sie sonst langweilen und/oder ermüden und nicht mehr der Vermittlung von Lebensfreude dienen. Aber auch ein Spiel, dass man aus Zeitnot nicht zum Ende gebracht hat, ist unbefriedigend. Der Spielleiter hat die Aufgabe, die Spielregeln kurz und klar, mit einfachen verständlichen Sätzen zu beschreiben. Er sollte das Spielziel erklären und auf die Mitspieler achten, die „Starken" steuern und die „Schwachen" stützen.

Arbeitsauftrag:

Stellen Sie als Ergebnissicherung das Programm für einen Spielnachmittag mit Senioren zusammen und berücksichtigen Sie Spiele, die aus unterschiedlichen Spielkategorien kommen und möglichst viele Bereiche aktivieren.

Ergebnissicherung:

Fazit

- Spielen aktiviert, unterstützt und fördert bei älteren Menschen die körperliche Fitness, die seelische Befindlichkeit, die geistige Beweglichkeit.
- Jeder kann etwas finden, was ihm Freude macht.
- Spielen fördert die Gemeinschaft.
- Spielen ist ein sinnvoller Zeitvertreib.
- Spielen knüpft an Erinnerungen an.

Merksatz

Für ältere Menschen ist spielen eine gute Möglichkeit aktiv zu sein und selbstbestimmt zu handeln.

Literaturhinweis:

Joppig, Wolfgang: Beschäftigung und Therapie, 2. Auflage, Troisdorf, Bildungsverlag EINS, 2008.

8.3 Handwerkliche Beschäftigungsmöglichkeiten

8.3.1 Einfache Techniken mit Papier, Stoff und Farbe

Es gibt sehr einfache handwerkliche Grundtechniken, mit denen auch ältere Menschen umgehen können, die vorher niemals etwas Vergleichbares versucht haben und sie stellen auch für Hochbetagte keine Überforderung dar. Die nachfolgend vorgestellten Beschäftigungsangebote mit Papier und Farbe gehören fast alle zur Familie der so genannten Zufallstechniken. In der konkreten Arbeit bedeutet das, dass auch im Zufall immer Gelingen steckt und niemand etwas falsch machen kann. Zufallstechniken setzten kein großes „Können" voraus, lediglich die Abfolge der einzelnen Arbeitsschritte muss beachtet werden. Somit vermitteln diese Techniken immer ein Erfolgserlebnis, was auch für ältere Menschen nicht unwesentlich ist und auf jeden Fall zur Freude beiträgt. Der Reiz dieser Arbeiten liegt im Spielen mit Wasser und Farbe und dem Zusammenspiel von Farben. Es kann mit Papier und Pappe gearbeitet werden, aber auch mit Seide und Baumwollstoff. Im späteren Verlauf dieses Kapitels werden auch Arbeiten vorgestellt, die nicht vom Zufall bestimmt werden, aber auch leicht umzusetzen sind.

Lernziel

Die angebotenen Techniken vermitteln Grundwissen zu Material und Handhabung und bieten Spielraum zum Selbsterproben. Diese Erfahrungen erweitern die eigenen Kompetenzen und sind ein wichtiger Baustein im Umgang mit älteren Menschen. Mit einfachen Mitteln kann durch Kreativität Aktivierung stattfinden.

Die Technik der Nass-in-Nass-Malerei

Das Prinzip der Nass-in-Nass-Malerei besteht im Auftragen von Farbe auf einem nassen Hintergrund. Zuerst wird mit dem Pinsel, einem Wattebausch oder einem kleinen Schwamm der Untergrund genässt und danach wird die Farbe zügig aufgetragen, wobei die aufgetragenen Farben ineinander laufen, bzw. das noch vorhandene Wasser die Farbpigmente auseinander treibt. Dieser Effekt ist erwünscht. Bei einer Papierarbeit gilt: Je rauer ein Papier in seiner Grundbeschaffenheit ist, umso mehr Wasser kann es aufnehmen und um so intensiver werden die Effekte. Eine Variante der Nass-in-Nass-Malerei auf Papier ist die „Knittertechnik", bei der das bearbeitete Papier zusammengeknittert und dann vorsichtig wieder entfaltet wird. Die Farbpigmente sammeln sich an den Knitterstellen und das Papier wirkt wie „gebrochen". In diesem Zustand wird das Papier getrocknet und kann später gebügelt und weiter verarbeitet werden.

Die Puste- oder Verlauftechnik

Auf ein trockenes Blatt Papier werden mit einem Pinsel mit viel Wasser und Farbe Farbkleckse aufgetragen und dann entweder mit einem Strohhalm verpustet, so dass filigrane korallenähnliche Muster entstehen. Eine andere Variante dieser Technik besteht darin, das bekleckste Blatt in alle Richtungen zu wenden, so dass Wasser und Farbe auf dem Papier verlaufen. Besonders schön sehen diese Arbeiten auf schwarzem Tonpapier aus.

Beispiel: Nass-in-Nass-Malerei

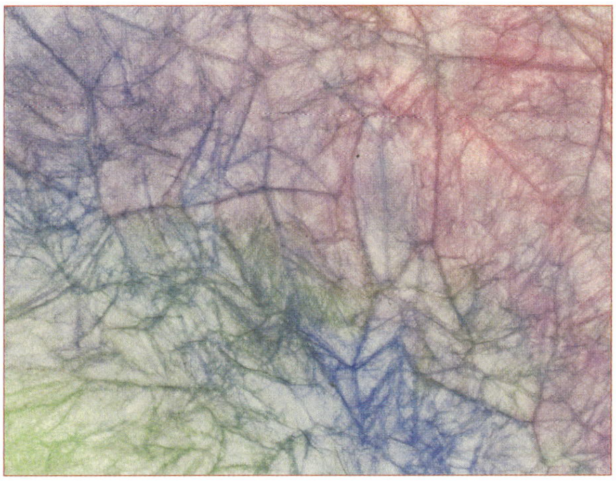

Beispiel: Knittertechnik

Die Klapptechnik

Bei dieser Technik wird ein Blatt Papier zunächst in der Mitte gefaltet und dann wieder aufgeklappt. Nach dem Auffalten wird das Papier entlang der Falz zügig mit Wasser und Farbe „bekleckst" und dann schnell wieder zusammengeklappt. Von der Faltkante her wird das Blatt Papier nun mit der Hand glattgestrichen, so dass Farbe und Feuchtigkeit nach außen getrieben werden. Danach sollte das Blatt Papier schnell wieder auseinander gezogen werden. Dabei entstehen Schlieren, die ein wenig federig wirken und manchmal wie Schmetterlinge oder Insekten aussehen.

Die Technik des Kleisterpapiers

Bei dieser Technik benötigt man Tapetenkleister, wasserlösliche Farben, dicke Pinsel, Packpapier und Gestaltungsgegenstände. Alles, womit Strukturen gestaltet werden können ist geeignet. Das einfachste Werkzeug sind die Hände (siehe Musterbeispiel), aber auch mit der Gabel, einem Kamm oder Hölzchen lassen sich Formen und Linien gestalten. Das Papier wird ganz mit dem Kleister eingestrichen und dann kommt die Farbe hinzu. Es gibt auch die Möglichkeit den Kleister vorher einzufärben. Dann werden mit den „Werkzeugen" Linien und Muster eingearbeitet. Das getrocknete Kleisterpapier wird von der Rückseite glatt gebügelt und kann danach mit Bohnerwachs oder farbloser Schuhcreme eingerieben werden, wodurch es konserviert wird.

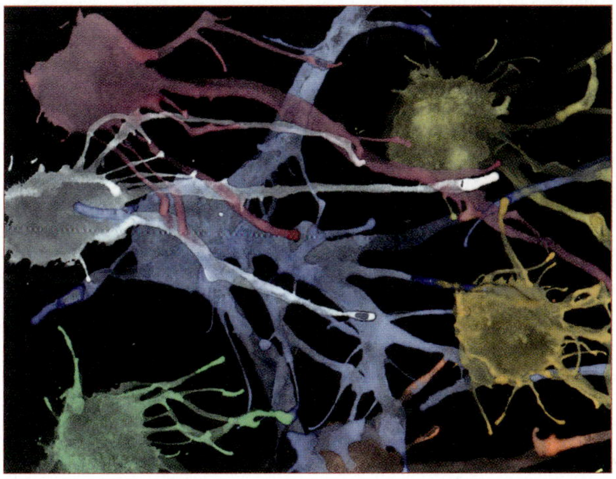

Beispiel: Pustetechnik

Beispiel: Klapptechnik

Zufallstechniken in der Beschäftigung älterer Menschen

Alle vorgestellten Techniken eignen sich zur Gestaltung von Passepartouts für Familienbilder oder für Kalender. Im laminierten Zustand können sie zum Tischset werden. Auf Transparentpapier gearbeitet entstehen schöne Laternenschirme oder Fensterbilder. Auch Gemeinschaftscollagen lassen sich damit herstellen. Der Ideenvielfalt sind keine Grenzen gesetzt und mitmachen kann jeder, selbst wenn er gesundheitlich schon eingeschränkt ist, da die Arbeiten sehr einfach sind.

Beispiel: Kleisterpapier

Arbeitsauftrag:

1. *Arbeiten Sie wenigsten zwei der vorgestellten Techniken nach.*
2. *Gestalten Sie das Papier im DIN A2 Format.*
3. *Aus einem Werkstück falten Sie eine Schachtel. Die Anleitung dazu finden Sie im diesem Kapitel bei den Grundfalttechniken. Die Schachtel kann Ihnen als Aufbewahrungsmöglichkeit für Ihr seniorengerechtes Memory dienen, das Sie am Ende dieses Kapitels herstellen werden.*
4. *Mit dem zweiten Werkstück können Sie einen Ordner oder eine Mappe Ihrer Wahl überziehen. Das geht am einfachsten, indem Sie Ihre Arbeit auf der Rückseite gleichmäßig einkleistern und dann fest an den zu beziehenden Gegenstand streichen. Anschließend ist es sinnvoll, das Werkstück zu beschweren, eventuell mit Büchern, damit sich keine Wellen bilden.*
5. *Wie beurteilen Sie die Technik und Ihre Ergebnisse?*

Ergebnissicherung:

Wachsbügeltechnik

Die Wachsbügeltechnik, auch Enkaustik genannt, gehört auch zur Familie der Zufallstechniken, sie unterscheidet sich von den bisher vorgestellten Techniken durch die Wahl des Materials. Gearbeitet wird mit Wachsmalkreiden, die durch Zufuhr von Wärme verflüssigt werden und das Ganze geschieht auf besonderem Papier.

Werkzeug und Material:

Synthetisches Pergamentpapier (Architektenpapier), es geht auch Pergamentpapier, Wachsmalkreiden, Bleistift, Schere, Lineal, Klebstoff, Bügeleisen mit Bügelunterlage, alte Zeitungen, Papier oder Fotokarton, je nachdem was gestaltet werden soll.

Technik und Durchführung:

Das Pergamentpapier wird ganzflächig und deckend mit Wachsmalkreiden bemalt. Ein dicker, „satter" Farbauftrag sorgt später dafür, dass das Wachs beim Bügeln besonders schön verläuft. Danach wird das Pergamentpapier mit der bemalten Seite nach innen auf die Hälfte zusammen gefaltet und zwischen zwei Zeitungsblätter gelegt. Nun wird die Arbeit mit einem Bügeleisen auf einer hohen Heizstufe solange geglättet, bis die Wachsmalkreide gut geschmolzen ist. Solange das Wachs noch warm und flüssig ist, wird das zusammengefaltete Pergamentpapier zügig wieder auseinander gezogen. Es entstehen interessante Farbspiele und Strukturen. Das fertige Papier eignet sich durch seine leuchtend transparenten Farbverläufe besonders für Tischlaternen, als Fensterschmuck und zur Gestaltung von doppelten Klappkarten, wenn das Deckblatt einen Ausschnitt aufweist. Bügelpapier muss immer zwischen zwei Papierlagen verklebt werden, da es sich wegen seiner Wachsseite allein schwer kleben lässt. So ist auch für den transparenten Fensterschmuck (Vögel, Schmetterling, Blätter u. ä.) eine Verstärkung des Papiers mit einem Rand aus festem Tonpapier oder Fotokarton empfehlenswert.

Beispiel: Wachsbügeltechnik

Wachsbügeltechnik in der Beschäftigung älterer Menschen

Diese Technik schenkt Freude am Umgang mit Farben, da die Ergebnisse vor allem von ihrer Leuchtkraft leben. Durch ihre Transparenz verbreiten die Produkte besonders bei der Herstellung von Laternen Wärme und Behaglichkeit. Beim Umgang mit dem Bügeleisen kann, je nach gesundheitlicher Einschränkung eines älteren Menschen, besondere Achtsamkeit nötig sein.

Schablonieren

In eiszeitlichen Höhlen in Südfrankreich (Toulouse) hat man Darstellungen menschlicher Hände gefunden, wobei die Hand offensichtlich als Schablone benutzt wurde. Vermutlich wurden die Hände an die Wand gepresst und dann durch ein Knochenblasrohr mit flüssiger Farbe angeblasen. Daraus lässt sich ableiten, dass Schablonieren eine sehr alte gestalterische Methode ist. Sie gehört nicht mehr zu den Zufallstechniken, ist aber auch sehr einfach zu erlernen. Mithilfe einer Schablone kann das gleiche Muster beliebig oft wiederholt werden. Das Untergrundmaterial kann Papier, Pappe oder Stoff sein. Im Gegensatz zu den bislang vorgestellten Techniken, bei denen viel Wasser nötig war, muss beim Schablonieren mit Feuchtigkeit sparsam umgegangen werden. Außerdem ist beim Arbeiten darauf zu achten, dass der Untergrund und die gewählte Farbe zueinander passen, z. B. sollte Stoff mit Stoffmalfarbe gestaltet werden, da nur diese nach der Fixierung auch waschfest ist. Kleidungsstücke müssen vor dem Arbeitsgang gewaschen werden, da sie meist eine Appretierung haben, auf der die Stoffmalfarbe nicht dauerhaft hält.

Werkzeug und Material:

Das Schablonieren umfasst zwei Haupttätigkeiten: die Herstellung einer Schablone und den Druckvorgang. Zum Anfertigen einer Schablone benötigt man eine Unterlage, das kann ein Holzbrett, feste Pappe oder eine Profischneideunterlage sein, eine starke klarsichtige Folie oder Karton, einen wasserfesten Folienstift, Bleistift, einen Cutter oder eine Nagelschere, Papierschere und Kreppklebeband. Für den Druckvorgang selbst benötigt man Borstenpinsel und/oder kleine Schwämme. Mit Küchenkrepppapier kann auch gearbeitet werden, da die aufzutragende Farbe grundsätzlich nur getupft wird. Weiter ist ein Behälter zum Auswaschen von Pinseln und Schwämmen nötig, alte Lappen, Papier oder Pappe zum Unter- bzw. Zwischenlegen bei Textilien.

Technik und Durchführung:

Die Schablone wird hergestellt, indem ein Motiv entworfen oder kopiert wird und danach mit einem wasserfesten Stift auf die Folie übertragen wird. Typisch am Schablonieren ist die „zerlegte" Form (Siehe Beispiel unten). Bei einer Pappschablone kann das Motiv gleich aufgemalt werden. Danach wird es entlang der gezeichneten Konturen mit dem Cutter oder der Nagelschere ausgeschnitten. Nun wird die Folie oder Pappe mit Kreppklebeband auf den Untergrund fixiert und das Motiv vom Rand her ausgetupft, also von außen nach innen. Diese Arbeitsweise ist sehr wichtig, da das Tupfen von innen nach außen schnell dazu führt, das Farbe unter den Rand der Schablone läuft. Bei mehrfarbigen Motiven ist es ratsam, für jede Farbe eine Folie zu schneiden, damit die Farbe nicht verschmiert. Nach jedem Arbeitsgang sollte die Farbe trocknen und die Folie gründlich gereinigt werden.

Beispiel: Schablonieren

Schablonieren in der Beschäftigung älterer Menschen

Diese Technik ist auch für betagte Menschen geeignet. Wer selbst keine Schablone mehr herstellen kann, kann auf fertige zurückgreifen, die es zu kaufen gibt. Einfache Alltagsgegenstände können so verziert werden und erhalten dadurch eine persönliche Note.

(Hinweis: Dieser Arbeitsauftrag ist auch als Leistungsnachweis und zur Ergebnissicherung geeignet.)
Die Nichte von Ottokar und Brigitte F. aus Kenia, will in den Sommerferien zu Besuch kommen. Da es ihr bei der großen Verwandtschaft nicht möglich ist, alle zu besuchen, wollen Ottokar und Brigitte an einem Samstag im Dorfgasthof ein Familientreffen für sie organisieren und laden alle Verwandten schriftlich ein.

Arbeitsauftrag:

1. *Gestalten Sie dafür bitte eine der Jahreszeit und dem Anlass entsprechende Einladungskarte und formulieren Sie einen angemessenen Einladungstext.*
2. *Stellen Sie zunächst eine Schablone her; die Motivvorlage wird Ihnen von Ihrer Lehrkraft gestellt.*
3. *Fertigen Sie aus Fotokarton eine Karte im DIN A6 Format mit der Technik des Schablonierens.*
4. *Auf einem weißen Einlegeblatt halten Sie Ihre schriftliche Einladung fest. Bitte beachten Sie alle Regeln, die für eine Einladung wichtig sind.*

Zur Verfügung gestellte Arbeitsmittel:
1 Angabenblatt, 3 Motivbögen, 1 Pappe zur Herstellung einer Schablone, Schreibpapier für Notizen, 1 graues Papier für Probedrucke, 3 farbige Fotokartons zur Wahl, 1 Einlegeblatt für den Text .

Hilfsmittel/Werkzeug:
Zeitung, Farbe, Schwämme, Wasserbecher, Cutter, Schneideunterlage, Schmutztücher, Kleber, Stifte und Tonpapierzuschnitte.

Die Arbeitszeit beträgt 90 Minuten.

Drucken auf Papier, Pappe oder Stoff

Drucken gehört ebenfalls zu den sehr einfachen Techniken. Dabei wird ein Motiv auf einen Untergrund abgedruckt, im Prinzip wie bei einem Stempel. Jeder Gegenstand kann zum „Stempel" werden, ob er nun schlicht und glatt ist oder eine ungewöhnliche Form und Oberflächenstruktur hat. Es gibt drei wichtige Gestaltungsmerkmale.

1. Das Einzelmotiv, das für sich ganz alleine steht.
2. Die Streuung, wobei viele kleine Einzelmotive über die Arbeitsfläche verteilt werden.
3. Die Reihung, bei der Formen zu Mustern und Bordüren zusammen gestellt werden.

Ein Werkstück zu bedrucken heißt, die Oberfläche zu gestalten. Bedruckte Stoffe z. B. sind in der Regel nicht ganz durchgefärbt, anders als bei einem Webstück, wo Vielfarbigkeit durch die bunten Fäden selbst entsteht.

Werkzeug und Material:

Die Technik des Druckens besteht aus zwei Arbeitsschritten: der Herstellung eines Stempelmotivs und dem eigentlichen Druckvorgang. Vorbereitend benötigt man immer eine Unterlage, ein Messer zum Zurechtschneiden, Farbe, Wasser, Pinsel, Papier, Fotokarton, Tonpapier, Pappe, Stoff usw. Das Material zur Stempelherstellung ist vielfältig. Die Natur macht reichhaltige Angebote: Blätter, Baumscheiben, Stängel und Gräser. Auch rohe Kartoffeln eignen sich als Stempel. Schrauben, Korken, Schwämme, Moosgummi, Kordeln, Holz, Spitzenstoffe und vieles mehr kann Verwendung finden. Sie können diese „Stempel" in ihrer ursprünglichen Form nutzten oder in Form schneiden, wenn es das Material zulässt. Selbst Finger, Hände und Füße können zu Druckinstrumenten werden. Die Freiheit im Arbeiten ist sehr groß.

Technik und Durchführung:

Die Arbeitsunterlage liegt unter dem zu bedruckenden Werkstück. Wer doppelt gelegten Stoff gestalten will, braucht eine Zwischenlage, damit die Farbe sich nicht durchdrückt. Zeitungspapier eignet sich dazu nicht, da durch die Feuchtigkeit die Druckerschwärze abfärbt. Sinnvoll ist fester Karton, umgeben von einer Plastiktüte. Dann kann das Drucken beginnen. Es ist wichtig, nicht zu viel Farbe auf den „Stempel" aufzutragen, da der Farbüberschuss beim Abdrücken zu unsauberen Rändern am Motiv führt. Wenn eine Reihung mit unterschiedlichen Farben entstehen soll, braucht jede Farbe einen eigenen Stempel, um Farbvermischungen zu vermeiden.

Beispiel: Drucken auf Papier

Drucken in der Beschäftigung älterer Menschen

Diese Technik ist bei älteren Menschen sehr beliebt, weil sie sich ohne viel Aufwand und Vorbereitung mit Alltagsgegenständen umsetzen lässt. Wichtig ist, dass die „Stempelgegenstände" für die älteren Menschen handlich genug sind.

Arbeitsauftrag:

1. *Bitte bringen Sie zum Unterricht ein gewaschenes Kleidungsstück mit, auf dem Sie die Drucktechnik ausprobieren wollen.*
2. *Entwerfen Sie ein Motiv und stellen Sie einen passenden „Stempel" dazu her.*
3. *Arbeiten Sie einen Versuchsdruck zunächst auf Papier, danach gestalten Sie Ihr Kleidungsstück.*
4. *Wenn Ihr Kleidungsstück bedruckt und getrocknet ist, vergessen Sie nicht, es durch Bügeln zu fixieren, damit die Farbe waschecht wird.*
5. *Worauf müssten Sie bei der Umsetzung einer solchen Arbeit mit älteren Menschen achten? Halten Sie das in Stichpunkten fest.*

Ergebnissicherung:

Fazit

- Alle Gestaltungstechniken in der Beschäftigung älterer Menschen, setzen der Ideenvielfalt keine Grenzen.
- Sie eignen sich zur Gestaltung von Passepartouts für Familienbilder genauso wie für Kalender. Im laminierten Zustand können sie zum Tischset werden, auf Transparentpapier gearbeitet entstehen schöne Laternenschirme oder Fensterbilder.
- Auch Gemeinschaftskollagen lassen sich damit herstellen.
- Jeder kann mitmachen, auch wenn er gesundheitlich schon sehr eingeschränkt sein sollte.
- Alle Techniken schenken Freude am Umgang mit Farben.
- Schablonieren und Drucken ist auch für betagte Menschen geeignet.

Merksatz

Alles was ein älterer Mensch selbst gestalten kann, bereichert seine Lebensqualität.

Literaturhinweis:

Müller Laackman, Beatrix: Werken und Gestalten, Methoden in Heilpädagogik und Heilerziehungspflege, 2. Auflage, Troisdorf, Bildungsverlag EINS, 2008.

8.3.2 Falten und Schneiden mit Papier und Schere

Scherenschnittarbeiten

Kindersilhouette

Seinen Ursprung hat der Scherenschnitt in der chinesischen Papierschneidekunst. Erste Grabfunde gehen bis in das 6. Jahrhundert unserer Zeitrechnung zurück. In Europa ist der Papierschnitt seit dem 17. Jahrhundert bekannt, zu Beginn allerdings erst in Form von so genannten Weißschnitten, die den Frauen als Stickvorlagen dienten. Erst Mitte des 18. Jahrhunderts benutzte man Schwarzpapier und nannte diese Arbeiten „chinesische Schatten". Bei Hofe war es eine Art Unterhaltungsspiel, bei dem man versuchte, den anderen im Profil zu schneiden, was später den Namen „Silhouettenschnitt" bekam. Andere Schnitttechniken folgten. Der Stapelschnitt, bei dem mehrere Lagen Papier mit einem scharfen Messer geschnitten wurden, wurde genauso zur Volkskunst, wie Falt- und Rosettenschnitte, die immer auf einer besonderen Art des Papierfaltens beruhen. Es gab wahre „Scherenschnittkünstler", die vor allen Dingen Portraitarbeiten fertigten. Bis kurz nach dem 2. Weltkrieg gab es diesen „Berufsstand", der häufig bei Buchverlagen zu finden war, denn der Scherenschnitt diente lange Zeit als Illustrationsmittel. In alten Kinderbüchern, Gedichtbänden, Kalendern und Familienalben ist die Scherenschnittkunst als Gestaltungselement noch zu finden. Auch auf Grußkarten waren Märchenbilder oder jahreszeitliche Motive durchaus üblich. Die modernen Druckverfahren und Farbmöglichkeiten haben diese Art der Illustration weitestgehend verdrängt. Heute begegnen uns Scherenschnittarbeiten noch als Bastelanregung für Leporellos, bei Weihnachtssternen und in der Gestaltung von Grußkarten.

Werkzeug und Material:

Man benötigt je nach Technik eine spitze, scharfe Papierschere und für den Stapelschnitt einen Cutter und eine Unterlage, Bleistift und Klebeband. Die Wahl des Papier hängt von der Arbeit ab. Es kann weiches Papier sein, wenn es sich um Faltarbeiten handelt und fester Karton bei Einzelschnitten. Portraitarbeiten werden vorrangig aus Scherenschnittpapier hergestellt. Dabei handelt es sich um eine Papiersorte, bei der eine Seite schwarz und die Rückseite weiß ist.

Technik und Durchführung:

Bei Arbeiten, deren Grundtechnik vom Falten abhängt, ist es sehr wichtig die Faltschritte sorgfältig einzuhalten, denn die Reihenfolge beeinflusst das Endergebnis ganz entscheidend. Im nächsten Abschnitt wird darauf noch eingegangen. Wer einen Einzelschnitt arbeitet, befestigt das Papier mit einem Klebeband auf der Unterlage und arbeitet mit dem Schnittmesser immer zügig und ziehend, wobei gleichmäßiger Druck wichtig ist. Wenn man zu rasch arbeitet, reißt das Papier schnell ein. Diese Technik findet vor allem in der Gestaltung von Grußkarten Verwendung. Wichtig ist, dass das Motiv ähnlich wie beim Schablonieren (siehe oben), in einzelne Teile zerlegt wird und auch so ausgeschnitten wird. Man kann Schablonen auch zum Vorzeichnen dieser Papierausschnitte benutzen.

Für einen Silhouettenschnitt fixiert man Scherenschnittpapier in Sitzhöhe mit einem Kreppklebeband an der Wand, wobei die weiße Seite sichtbar ist. Der zu Portraitierende setzt sich ganz dich davor und wird von einer Lichtquelle „angestrahlt" (Overheadprojektor, Diaprojektor oder Schreibtischlampe). Ein Partner umfährt mit einem Bleistift die abgebildeten Konturen des Gesichtes. Danach wird das Papier von der Wand gelöst und anhand der Linien ausgeschnitten.

Arbeitsauftrag:

1. *Bitte stellen Sie in Partnerarbeit einen Silhouettenschnitt nach der oben beschriebenen Arbeitsweise voneinander her.*
2. *Sie können die fertigen Porträts als eine Art „Bildergalerie" in Ihrem Klassenzimmer aufhängen.*

Grundfalttechniken

Diese Grundfalttechniken begegnen uns in vielerlei Hinsicht: die zusammengefaltete Serviette, das zusammengelegte Tischtuch, die Bettwäsche und nicht zuletzt einfache Faltformen aus Papier. Mancher mag an den Papierdrachen aus Kindertagen denken oder an einen Briefumschlag. Auch die vielen unterschiedlich geschnittenen Sterne in der Advents- und Weihnachtszeit gehören zu den ganz einfachen Falttechniken. Das besondere Schneiden macht sie zu wahren Kunstwerken. Aus Scherenschnittpapier, hinterlegt mit Transparentpapier leuchten sie an Fensterscheiben und aus Goldpapier wirken sie besonders festlich.

Ältere Menschen lieben in der Regel einfache Falt- und Schneidearbeiten. Es ist motorisch eine gute Übung, regt die Phantasie an und schenkt durch schnelle Erfolgserlebnisse viel Freude. In jeder Jahreszeit sind kleine Arbeiten mit Papier und Schere zu dekorativen Zwecken möglich und sinnvoll. Es weckt Erinnerungen an die eigene Kindheit und stellt insofern eine Brücke zur Gegenwart dar.

Arbeitsauftrag:

1. *Schneiden Sie drei gleich große Quadrate aus farbigen Papier in der Größe 15 x 15 cm zurecht.*
2. *Falten Sie die Quadrate so, dass Sie zuerst halbiert und dann geviertelt sind.*
3. *Markieren Sie die Ecke ihres Faltstückes, die der Mittelpunkt des Quadrates ist, mit einem deutlich sichtbaren Punkt. Um die Mitte besser erkennen zu können, kann das gefaltete Papier auch wieder aufgeklappt werden und in der Mitte, wo die Linien sich kreuzen, markiert werden. Der Punkt sollte außen sichtbar sein.*
4. *Nun falten Sie ihre Quadrate über die Diagonale, so dass ein langgezogenes, spitzes Dreieck entsteht. Es sieht ein wenig aus wie ein Kuchenstück.*
5. *Danach schneiden Sie bitte die „Kuchenstücke" anhand der vorgegebenen Muster (siehe nachfolgende Seite) zurecht. Die farbigen Teile sind wegzuschneiden. Bitte achten Sie dabei darauf, dass Sie Ihr Arbeitspapier nie ganz durchschneiden, da es sonst zerfällt. So erhalten Sie vielfältige Muster.*

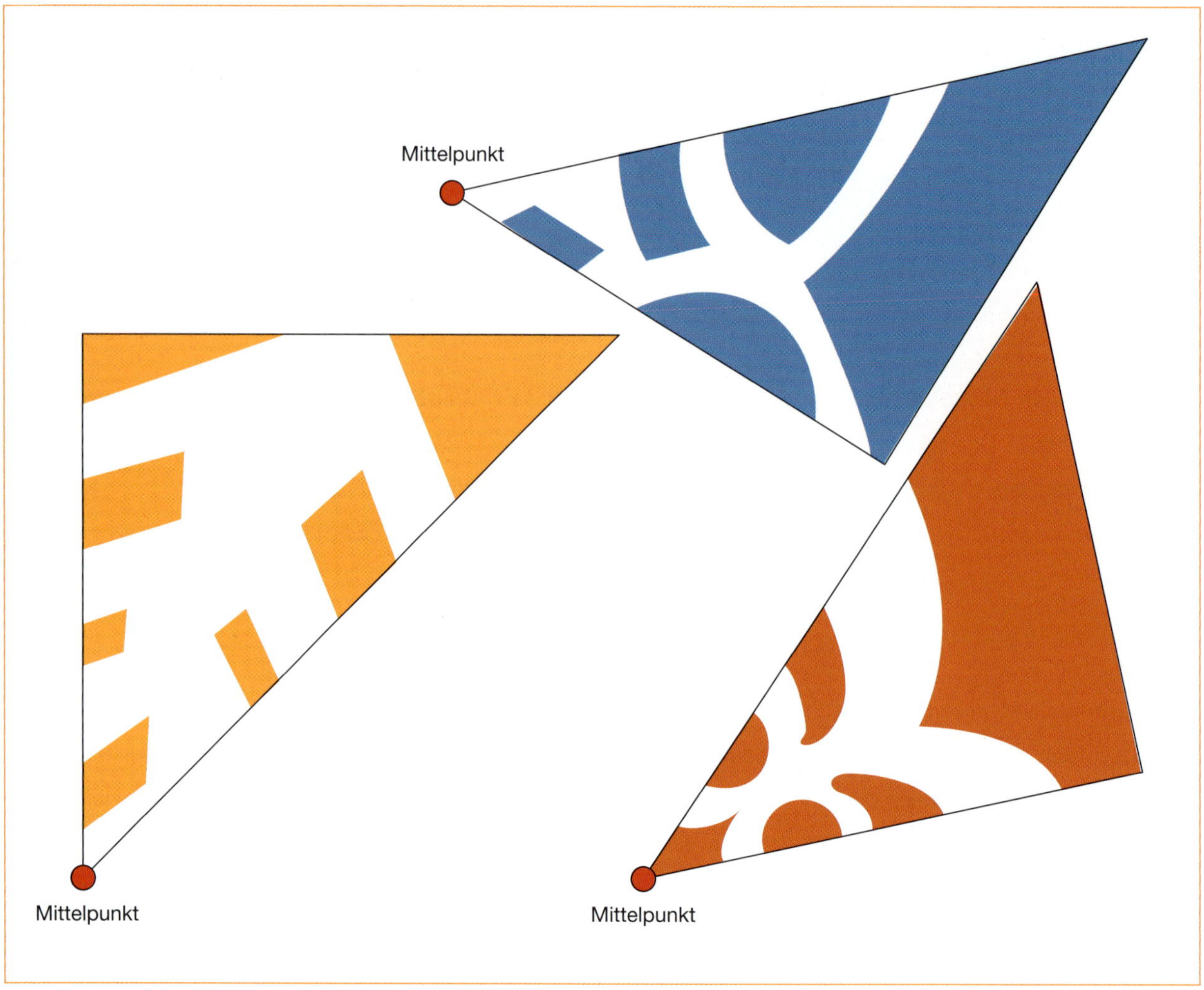

Beispiel zum Schneiden

Einsatzmöglichkeiten bei älteren Menschen

Scherenschnittarbeiten erfordern einige Fingerfertigkeit von älteren Menschen, sind aber besonders zu Dekorationszwecken beliebt, egal ob als Sterne oder Girlanden. Die in dem Zusammenhang wichtigen Faltschritte aktivieren beide Hirnhälften, weil logische Abfolgen zu beachten sind. Sie dienen auf jeden Fall der Freude und Aktivierung. Bei der Scherenführung ist darauf zu achten, dass immer vom Körper weg geschnitten wird.

Arbeitauftrag:

1. *Stellen Sie nach der nachfolgend vorgestellten Faltanleitung eine Faltschachtel mit Deckel her.*
2. *Sie benötigen je noch Bodengröße Ihrer Schachtel immer die 3fache Größe an Faltpapier. Wenn der Boden Ihrer Schachtel eine Größe von 10 cm erhalten soll, muss Ihr Ausgangpapier 30 cm haben, bevor Sie zu falten und zu schneiden beginnen. Wichtig ist, dass Ihr Ausgangsquadrat exakt gleichwinklig ist und sauber und gerade geschnitten wird.*
3. *Für den zu faltenden Deckel benötigen Sie ein Papier, das wenigstens ca. 1 cm größer ist als das Papier für den Schachtelbogen, also 31 cm x 31 cm.*

1. Sie falten Ihr quadratisches Blatt Papier zunächst zweimal diagonal. Falten Sie es auseinander und falten Sie nun die Spitzen auf den Mittelpunkt wie bei einem Brief.

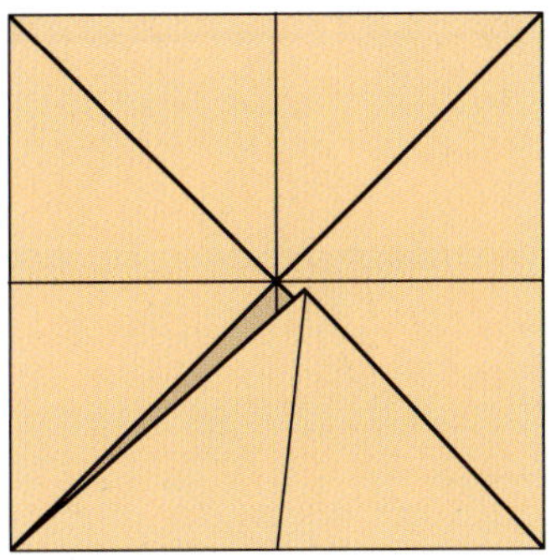
1.

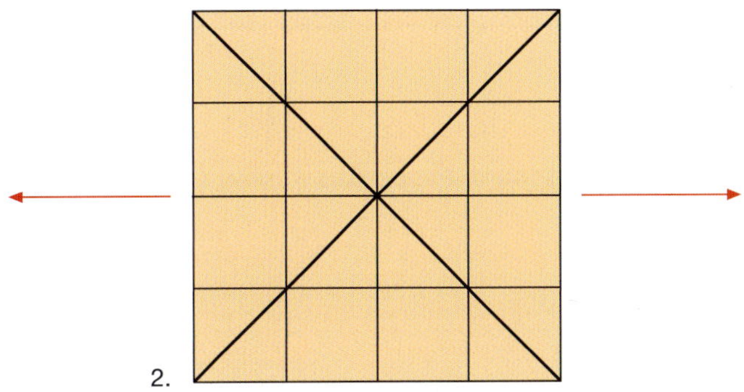
2.

2. Aus dem Brief falten Sie zweimal einen „Schrank", so dass vier neue Brüche entstehen.
3. Dann klappen Sie das obere und untere Dreieck auf und schneiden jeweils recht und links der beiden Ecken auf den Knickstellen bis zur zweiten Bruchkreuzung ein (siehe Zeichnung).

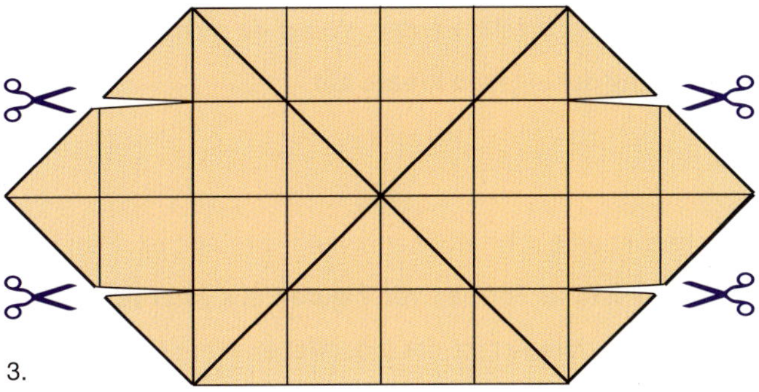
3.

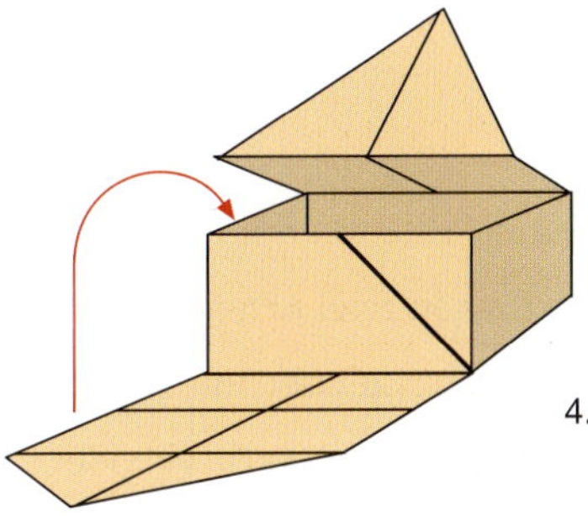
4.

4. Dann stellen Sie links und recht die Seitenwände hoch und schieben die beiden durch das Einschneiden entstandenen Spitzen übereinander. Dann wird der Mittelteil darüber gefaltet, bis der Mittelpunkt in der Schachtel liegt. Die andere Seite wird genauso gefaltet. Zur besseren Haltbarkeit können Sie den Schachtelboden mit etwas Klebstoff fixieren. Nach dem Schachtelboden falten Sie den Deckel genauso, nur mit dem größeren Stück Papier.

Arbeitsschritte für eine quadratische Faltschachtel mit Deckel

Fazit

- Einfache Grundtechniken vermitteln auf vielfältige Art und Weise Lebensfreude.
- Falttechniken sind schnell erlernbar und schenken dadurch Erfolgerlebnisse.
- Die Werkmaterialien sind auch für ältere Menschen gut zu handhaben.
- Sie helfen, dass ein Senior seine Umwelt aktiv mitgestalten kann.
- Sie unterstützen auch die geistige Beweglichkeit.
- Sie knüpfen an Erlebnisse aus Kindertagen an.

Merksatz

Falten und Schneiden aktiviert in besonderer Weise die Motorik und Koordination von älteren Menschen.

Literaturhinweis:

Diem, Walter: Mit Schere, Pappe und Papier, Das große Bastel- und Werkbuch, Heinrich Hugendubel Verlag, München, 1992.

8.3.3 Andere Beschäftigungsangebote

Die Ideenvielfalt für Beschäftigungsangebote ist groß, aber nicht alles ist mit älteren Menschen umsetzbar. Immer wieder hängt es vom Grad der geistigen und körperlichen Fähigkeiten ab, was sich realistisch gestalten lässt und was nicht. Die Erfahrung lehrt, das einfache Angebote, denen der ältere Mensch sich gewachsen fühlt, mehr zu seiner Aktivierung beitragen, als alles, was „schick" aussieht oder wirkt, aber zur Überforderung führt. Zwei Gestaltungsangebote sollen in diesem kurzen Abschnitt noch vorgestellt werden. Wenn sie nicht im beruflichen Alltag umgesetzt werden können, so dienen sie der Erweiterung der eigenen Kreativität.

Arbeiten mit Pappmaschee

Formen und Gestalten mit Papier- oder Pappmaschee ist eine sehr alte handwerkliche Technik. Man unterscheidet im Wesentlichen zwei Arten der Verarbeitung, die eine ist das Formen von Figuren aus einer Art „Papierbrei", der sich wie Knetmasse oder Ton verarbeiten lässt und die andere Art ist das Überkleben einer Grundform oder eines Unterbaus mit Papierschnipseln oder – streifen, das auch als Schicht- oder Kaschiertechnik bekannt ist. Früher gab es den so genannten „Pappmascheedrücker", einen Handwerker, der ganz unten auf der sozialen Leiter stand. Er arbeitete mit den Abfallprodukten aus der Papierherstellung. Während der Papierschöpfer ein durchaus angesehener Berufsstand war, konnte man das von dem Drücker nicht sagen. Er verwertete Reste von Papier, Baumwolle und Pflanzenfasern, versetzte sie mit Wasser, stampfte sie durch, gab Kleister- und/oder Leimverbindungen hinzu und ließ die Masse mehrere Tage stehen. Sowohl die Werkstatt, als auch die darin arbeitenden Menschen wurden von dem fauligen Geruch eingehüllt. Dann wurde die Masse verarbeitet oder – wie der Beruf sagt – gedrückt. Dafür gab es Formen, die bescheidene „Massenproduktionen" zuließen. Besonders jahreszeitlicher Schmuck, wie Ostereier und Weihnachtsmänner, wurden so hergestellt. Eine andere Variante der Drückerarbeiten waren kaschierte Gegenstände, so z. B. Weihnachtskugeln, die als Unterbau zusammengedrücktes Papier hatten und dann mit schmalen Papierstreifen umwickelt und beklebt wurden. Die letzte Schicht bestand meist aus besonderem Papier. Zum Schluss wurde dann das Ganze nach dem Trocknen zum Schutz mit einer Lackschicht überzogen. Der Lohn war karg und meist musste die ganze Familie einschließlich der Kinder mithelfen. Heute hat das Material unter Umweltschutzgesichtspunkten einen neuen Stellenwert bekommen. Es ist preiswert, denn jedes Altpapier kann benutzt werden und die Werkstücke sind leicht und überaus robust. Inzwischen nutzen auch Designer dieses Material zur Herstellung von Wohnaccessoires und Möbeln.

Werkzeug und Material

Als Werkzeug für diese Technik benötigt man klein geschnittenes oder gerissenes Papier, einen Haushaltseimer, Wasser und Tapetenkleister. Je nach Technik sind Spachtel, Messer oder Modellierhölzer sinnvoll. Für die Endgestaltung sind Pinsel und Farbe wichtig. Am leichtesten lässt sich Acrylfarbe verarbeiten, da sie schnell trocknet. Als letzter Anstrich ist wasserlöslicher Klarlack angemessen, der das Werkstück vor Feuchtigkeit schützt.

Technik und Durchführung:

In dem Haushaltseimer wird das Papier mit Wasser eingeweicht und später kommt angerührter Tapetenkleister hinzu. Der Kleister darf von seiner Konsistenz her nicht zu flüssig sein, da die ganze Masse sonst wässerig wird und der Trocknungsprozess sehr lange dauert. In der Regel wird die Masse auf den vorher hergestellten Unterbau mit den Händen aufgetragen. Man kann auch Spachtel und Messer benutzen, wenn es um feinere Arbeiten geht. Ist das Werkstück getrocknet und weist noch Unebenheiten auf, kann es mit feinem Schleifpapier geglättet werden. Bei der oben genannten Schichttechnik hängt der Unterbau von der Gestaltungsabsicht ab. Die einfache Form des Unterbaus ist zusammengeknülltes Papier, das mit Malerkrepp in Form gebracht wird, aber auch fester Karton, Draht oder Glas sind als Unterbaumaterial geeignet. Mit dem angerührten Kleister wird nun Schicht für Schicht der Unterbau mit Papierstreifen oder Stücken überzogen, immer im Wechsel eine Schicht Papier, eine Schicht Kleister. Nach dem Trocknen wird es bemalt.

Das Material lässt sich leicht verarbeiten und zeichnet sich durch hohe Stabilität aus. Es lässt sehr großen Gestaltungsspielraum und setzt der Fantasie keine Grenzen. Bei älteren Menschen ist besonders das Modellieren von Tieren oder das Kaschieren von Gegenständen, die als Vasen u. ä. benutzt werden können, beliebt.

Mandalas malen

Das Wort „Mandala" bedeutet im Altindischen soviel wie „Kreis". Es wurde im Verlauf der Geschichte zum zentralen Meditationszeichen östlicher Religionen, das symbolisch religiöse Erfahrungen darstellt und ein Hilfsmittel zur Vereinigung mit dem im östlichen Sinne „Göttlichen" ist. Ohne fundiertes Hintergrundwissen bleibt uns Westeuropäern aber vieles daran unverständlich und fremd. Wenn man von der ursprünglichen Herkunft der Mandalas absieht, kann man sie im weitesten Sinn als Kreisbilder bezeichnen, in denen Zeichen und Figuren um eine betonte Mitte herum angeordnet sind. Bilder dieser Art gibt es auch in der abendländischen Kunst, wenn man an die vielen Rosetten in Kirchen und Kathedralen denkt. Für viele Menschen in unserer Zeit sind Kreisbilder zu Sinnbildern geworden, als eine Art Sehnsucht nach Ganzheit und Heilwerden.

Viele ältere Menschen sind feinmotorisch unter Umständen nicht mehr in der Lage Mandalas zu malen, das könnte durch großformatige Vorlagen sicher verändert werden. Die Freude am Umgang mit Farben, Formen und Motiven und die Möglichkeit zu Stille und Besinnung sind dennoch wesentliche Faktoren, die diese Beschäftigungsmöglichkeit beachtenswert macht.

An Ende dieses Kapitels bietet sich die Möglichkeit zu einem großen praktischen Leistungsnachweis, der das Wissen aus mehreren Kapiteln bündelt und den Schülern eine faire Lernziel- und Leistungsstandkontrolle bietet. Um der Aufgabenstellung für den geforderten Leistungsnachweis gerecht zu werden und die Punktevergabe für alle Beteiligten nachvollziehbar zu machen, gilt nachfolgender Vorschlag:

Erwartungshorizont/Wissenshintergrund

Den Schülern ist bekannt, was unter „seniorengerecht" zu verstehen ist, nämlich:

1. Klare Farben und Formen, großformatige, einfache Motive mit Wiedererkennungswert.
2. Grundfarben: Rot, Gelb, Blau – Grundformen: Dreieck, Rechteck, Quadrat, Kreis.
3. Einfache jahreszeitliche Motive wie Schmetterling, Blume, Baum, Stern usw. aus Grundfalttechniken (siehe Kapitel 8.3.2).
4. Bei der Gestaltung für sehbehinderte Senioren kommt es auf das Kontrastsehen oder Hell- und Dunkel-Sehen an. Geeignet sind alle schwarzen oder dunkelbraunen Rahmen und Motive mit klaren Konturen im Verhältnis zu Weiß oder Gelb.
5. Freie Gestaltung bedeutet, Material-, Technik- und Motivwahl sind frei wählbar.

Die Punktevergabe

Für jedes erstellte Memory-Kartenpaar gibt es zwei Punkte. Ist ein Teil der Aufgabe nicht erfüllt, z. B. dass die Grundform passt, aber die Farbe nicht stimmt, gibt es Punkteabzug. Zusätzlich zur Punktevergabe für den Arbeitsaufwand wird jedes einzelne Kartenpaar unter den nachfolgenden Kriterien beurteilt.

Praktischer Leistungsnachweis
im Fach Lebenszeit- und Lebensraumgestaltung

Seniorengerechtes Memory

Datum: ____________________ Klasse: ____________________

Name: ____

Aufgabenstellung: Stellen Sie ein seniorengerechtes Memory her!

1. *Gestalten Sie 12 Kartenpaare aus Karton im Format 9 x 9 cm, mit einheitlicher Rückseite und hellem Untergrund.*
2. *3 Kartenpaare gestalten Sie mit Grundfarben und -formen. Diese Aufgabe sollte mit farbigem Papier ausgeführt werden (falten, schneiden und kleben).*
3. *3 Kartenpaare werden mit jahreszeitlichen Motiven gearbeitet (schneiden und kleben).*
4. *3 Kartenpaare sollten eine Sehbehinderung berücksichtigen (freie Technik).*
5. *3 Kartenpaare können Sie frei gestalten.*

Beurteilungskriterien:

1. Arbeitsweise/Punkte:							1	2	3	4	5	6
Ausführung: Grundfarben und -formen/schneiden und kleben												
Ausführung: Jahreszeitliche Motive/falten, schneiden und kleben												
Ausführung: für Sehbehinderte/freie Technik												
Ausführung: freie Gestaltung in Technik und Material												
Arbeitsaufwand/-einsatz:	1	2	3	4	5	6	7	8	9	10	11	12
2. Arbeitsergebnis/Punkte:	1	2	3	4	5	6	7	8	9	10	11	12
Seniorengerechtigkeit:												
Kreativität:												
Sorgfalt:												
Gesamteindruck:												

Zur Verfügung gestellte Arbeitsmittel: 1 Angabenblatt, 1 Bewertungsbogen, verschiedenfarbiges Tonpapier, Ideenzettel, von den Schülern erarbeitete Aufbewahrungsschachtel und 12 weiße Kartenpaare.

Hilfsmittel/Werkzeug: Unterlagen, Farbkasten, Wasserbecher, Pinsel, Schmutztücher, Malstifte

Note 1	Note 2	Note 3	Note 4	Note 5	Note 6
84–77 Punkte	76–68 Punkte	67–56 Punkte	55–42 Punkte	41–25 Punkte	24–0 Punkte

Punktzahl: ____________________ **Note:** ____________________

Bemerkungen:

9 Medienangebote und freiwilliges Engagement älterer Menschen

9.1 Basiswissen – Medien früher und heute

Wenn man den Begriff „Medium" im weitesten Sinne umschreiben will, so handelt es sich um einen „Vermittler", einen Überbringer. Medien sind also ganz viele Vermittler oder Überbringer von Informationen jeder Art. Früher waren es Kaufleute und Händler die Neues aus „aller Welt" mitbrachten. Es war die Botschaft von „Mund zu Mund" oder die Nachrichtenübermittlung durch spezielle Kuriere. Schriftbotschaften waren nur im gehobenen Stand möglich, da das einfache Volk nicht lesen und schreiben konnte. Wir heute leben im so genannten Medien- und Kommunikationszeitalter, d. h. es kann jederzeit über Informationen der Unterhaltung und Wissensvermittlung verfügt werden. Egal ob jemand etwas über Politik, Wissenschaften, Kultur oder Wirtschaft wissen will, das Medienvermittlungsangebot ist überreich.

Das war nicht immer so. Mit der Erfindung des Buchdrucks im Mittelalter war der Anfang gemacht, dass jeder der lesen lernen konnte, Zugang zu Schriftgut bekam. Bis dahin wurden Bücher per Hand geschrieben, vorrangig biblische Schriften. Später kamen Flugblätter und Zeitungen und andere Literatur hinzu. In der Mitte des 19. Jahrhundert wurde die Litfasssäule, die es bis in die 80er Jahre des 20. Jahrhunderts an jeder Straßenkreuzung gab, zu einem wichtigen Informationsmedium, an das Plakate, Zettel u. a. geklebt wurde. Riesenplakat- und Werbewände folgten und verdrängten dieses runde Objekt. Heute sprechen wir von Massenmedien, wie Funk und Fernsehen, Satellitenübertragungen und den Möglichkeiten über das Internet an Informationen heranzukommen oder sie darüber zu verbreiten. Weltweit können sich Menschen informieren oder mit Informationen versorgt werden, immer und überall, Tag und Nacht. Eine kritische Auseinandersetzung mit allen Medien ist in diesem Unterricht nicht möglich, zumal es vorrangig um die Möglichkeiten für Senioren gehen soll. Eine Nachdenklichkeit darüber, was und wie viel ein Mensch an Informationen in sein Leben lässt, was zuviel und reizüberflutend ist und welches Medium letztlich gut tut, muss in jedem Alter geübt werden.

Litfaßsäule

Lernziel

Ältere Menschen haben noch Medienangebote erlebt, die heute nicht mehr existieren. Es ist ein wichtiger Beitrag zur Biografie- und Erinnerungsarbeit, wenn ältere Menschen davon erzählen. Gleichzeitig ist es wichtig, die Senioren auch mit neuen Medien vertraut zu machen und ihnen positive Nutzungsmöglichkeiten anzubieten.

Arbeitsauftrag:

1. *Tragen Sie bitte zusammen, welche Medien bis 1945 üblich waren und was Sie darüber wissen.*
2. *Welche älteren Medien kennen Sie?*
3. *Was hat sich nach Ende des 2. Weltkriegs verändert?*
4. *Was sind die neuen Medien?*
5. *Erarbeiten Sie als Tafelbild eine Stoffsammlung, die Sie im Anschluss in die unteren Spalten einordnen.*

Medien vor 1945	Medien nach 1945

Arbeitsauftrag:

Welche Möglichkeiten des Zugangs und Umgangs mit den verschiedensten neuen Medien haben ältere Menschen, wenn sie in den verschiedenen Lebenssituationen (siehe unten) leben.

1. *Stellen Sie Ihre Eindrücke und Erfahrungen gegenüber.*
2. *Was fällt Ihnen auf?*
3. *Was würden Sie verändern, wenn Sie die Möglichkeit hätten?*
4. *Halten Sie Ihre Entscheidungen in der Ergebnissicherung fest.*

... wenn sie in einem Altenheim leben?	... wenn sie nicht in einem Altenheim leben?

Ergebnissicherung:

Fazit

- Jede Generation hat ihre eigenen Medien.
- Ältere Menschen können mit neuen Medien und deren Umgang manchmal überfordert sein.
- Senioren sollten auch in diesem Bereich ihre Vorlieben haben dürfen.
- Reizüberflutung ist in keinem Alter gut.

Merksatz

Medien sollten einem selbstbestimmten Umgang entsprechen und auch bei älteren Menschen nicht zur „Dauerberieselung" eingesetzt werden.

9.1.1 Idee einer Seniorenwohnheimzeitung

Oft sind in Seniorenwohnheimen noch erstaunlich interessierte, motivierte und fähige ältere Menschen zu finden, die nur in Teilbereichen Fürsorge benötigen. Als Mitarbeiter in der Altenhilfe können Sie vor der Frage stehen, welche Möglichkeiten der sinngebenden Beschäftigung im Medienbereich angeregt werden können.

Arbeitsauftrag:

Stellen Sie sich vor, Sie sind Mitarbeiter in einem Altenwohnheim und treffen einen älteren Herrn, der früher gerne fotografiert hat, eine ältere Dame, die schon in der Schule gerne Geschichten schrieb und Sie entdecken in einem Wohnheimzimmer mehrere gerahmte Zeichnungen an der Wand. So entsteht die Idee, dass diese Bewohner eine Wohnheimzeitung auf den Weg bringen könnten.

1. *Wie würden Sie die älteren Menschen dazu motivieren?*
2. *Welche Voraussetzungen, auch technischer Art, müssten für so ein Projekt gegeben sein?*
3. *Welche Arbeitsmittel müssten zur Verfügung stehen?*
4. *Wie könnte eine Wohnheimzeitung aussehen, was ihr Inhalt sein?*
5. *Würden Sie so eine Arbeit persönlich unterstützen?*
6. *Bitte arbeiten Sie in Kleingruppen von 3 bis 4 Mitschülern und erarbeiten Sie einen Entwurf für eine Wohnheimzeitung, den Sie dann Ihren Mitschülern vorstellen.*

Ergebnissicherung:

9.2 Freiwilliges Engagement älterer Menschen

Den tiefsten Lebenseinschnitt erlebt ein älterer Mensch wohl, wenn er aus dem Berufleben ausscheidet und in den Ruhestand geht. Viele Rituale und Ordnungen werden beibehalten (siehe Kapitel 6), aber die Verbindlichkeiten, die sich durch den geregelten Berufsalltag ergeben, fallen weg und müssen durch neue ersetzt werden. Wohl dem, der da in jüngeren Jahren vorgesorgt hat, durch außerberufliche Kontakte wie Vereinsleben, Hobbys oder andere Interessen. Auf jeden Fall bringt ein älterer Mensch ein großes Potenzial an Lebenserfahrung mit und durch die veränderte Lebenssituation einen großen Vorrat an Zeit. Es ist die große Chance des neuen Lebensabschnitts, beides zu nutzen. Im politischen Bereich ist eine Frau wie Trude Unruh, deren Engagement zur Gründung der grauen Panther führte, mehr als ein Beispiel, das belegt, dass man auch mit vorgerückten Jahren noch etwas bewegen kann. Aber es muss ja nicht in der Politik sei. Auch auf der kulturellen oder sozialen Ebene gibt es viele Möglichkeiten, sich zu engagieren, sei es für sich selbst oder für andere. Wobei die Grenzen sehr fließend sein können, denn wenn ein älterer Mensch sich für andere einsetzt, tut er damit gleichzeitig auch etwas für sich, vielleicht gegen seine Einsamkeit oder er ist durch Aktivität abgelenkt von Krankheit und Schmerzen.
In den meisten Städten und Gemeinden gibt es Ratgeber für Senioren, die über seniorengerechte Angebote informieren.

Lernziel
Diese Kapitel will auf die vielfältigen Möglichkeiten der Alltagsgestaltung aufmerksam machen, die es für ältere Menschen gibt, damit der Mitarbeiter in der Altenhilfe unterstützend, fördernd und ermutigend handeln kann.

9.2.1 Freizeitangebote für ältere Menschen

Durch die wachsende Zahl von älteren Menschen in unserer Gesellschaft ist auch das Angebot zu deren Freizeitgestaltung gewachsen. Es gibt spezielle Seniorensportgruppen für Gymnastik, Tanz oder auch Schwimmen. Immer sind sie zugeschnitten auf die besonderen Umstände und Bedürfnisse, die ältere Menschen haben. In vielen Orten werden Seniorenkaffeenachmittage mit wechselnden Themen angeboten, Film- und Diavorträge, Musik- und Spielnachmittage und manchmal auch Angebote für Computerinteressierte. Es gibt Busfahrten zu Theatervorstellungen und Museen. Kunstsammlungen oder Kunstausstellungen und Büchereien haben sich mit Literatur in Großdruckschrift auf Senioren eingestellt. Wer will, kann etwas ihm entsprechendes finden.

9.2.2 Einsatzmöglichkeiten älterer Menschen im sozialen Bereich

Viele ältere Menschen fühlen sich überflüssig, weil sie nicht mehr gebraucht werden. Doch wer gesundheitlich noch fit ist, kann sein Potenzial an verschiedenen Stellen einbringen. Gerade in Mehrgenerationenhäusern (siehe Kapitel 2) sind ältere Menschen für die unterschiedlichsten Aufgaben sehr gefragt. Manche Einrichtungen bieten einen Oma-Opa-Leihservice an, der besonders schön ist für kinderliebe Senioren, die entweder keine eigenen Enkelkinder haben oder deren eigene weiter weg leben. Die Bazartätigkeit in vielen Kirchen, mit handwerklichen Arbeiten, oft zur Unterstützung sozialer Projekte (z. B. Stricksockenverkauf für Aidswaisen in Tansania), wird überwiegend von älteren Menschen getragen. Märchenerzähler im Kindergarten oder Vorleseservice für blinde Menschen ist auch im Zeitalter der Hörbücher eine willkommene Abwechslung. Wer selber noch gut zu Fuß ist, kann Rollstuhlfahrer begleiten. Brigitte F., die Frau aus dem Fallbeispiel im 1. Kapitel, engagiert sich in einer Kleiderkammer. Eine Kleiderkammer ist eine Einrichtung wo Bedürftige gut erhaltene Bekleidung bekommen können.

Viele Kommunen können sich die professionelle Betreuung von Heimatmuseen nicht leisten und übertagen heimatverbundenen älteren Menschen diesen Dienst. Ganz neu ist in manchen Firmen der Versuch, jungen Auszubildenden einen Senior an die Seite zu stellen, eine wirklich lohnende Aufgabe.

9.2.3 Selbsthilfegruppen

Das zunehmende Alter bringt es naturbedingt mit sich, dass auch die Zahl der gesundheitlichen Einschränkungen steigt. Aber selbst dann muss niemand aufgeben oder resignieren. Selbstmitleid ist in keiner Lebensphase eine Haltung die weiterhilft. Ein älterer Mensch kann in einer Selbsthilfegruppe Unterstützung und Ermutigung erfahren und darüber hinaus, auf dem Hintergrund seiner eigenen Erfahrungen, anderen Mitbetroffenen zur Hilfe und zum Trost werden. Die Zahl der Selbsthilfegruppen ist groß und so sollen hier nur die genannt werden, deren Krankheitsbild besonders auf Senioren zutrifft.

Schlaganfallpatienten, Stomaträger, Parkinsonkranke, Diabetiker, Menschen mit Inkontinenz, unter Osteoporose Leidende, Multiple Sklerose, Krebskranke oder Krebsnachsorge und Herzpatienten.

Arbeitsauftrag:

1. *Bitte finden Sie heraus, welche Angebote zur Freizeitgestaltung für Senioren es in Ihrer Stadt gibt.*
2. *Gibt es für ältere Menschen auch Möglichkeiten, sich sozial einzusetzen?*
3. *Was ist an Selbsthilfegruppen da?*
4. *Sortieren Sie zur Ergebnissicherung Ihre Informationen:*

Freizeitangebote	Soziales Engagement	Selbsthilfegruppen

Freizeitangebote	Soziales Engagement	Selbsthilfegruppen

Fazit

- Das Angebot an Freizeitaktivitäten für ältere Menschen ist vielfältig.
- Auch ein Senior kann „zu neuen Ufern aufbrechen".
- Kein Mensch ist unwichtig.
- Selbsthilfegruppen sind der beste Gegenpol zu Selbstmitleid.
- Engagement von älteren Menschen ist ein wichtiger gesellschaftlicher Betrag.

Merksatz

Jeder ältere Mensch kann mit seinem „Schatz" an Lebenserfahrung zur Bereicherung für andere werden.

Literaturhinweis:

Joppig, Wolfgang: Gruppenarbeit mit Senioren, 6. Auflage Troisdorf, Bildungsverlag EINS, 2006.

10 Alzheimer und Angst

10.1 Basiswissen: Was ist Alzheimer?

Das Gehirn ist die „Steuerzentrale" für alle Abläufe und Funktionen in unserem Leben. Wird dieses wichtige Organ krank, sind die Konsequenzen im körperlichen, geistigen und seelischen Bereich zu spüren. Der Begriff „Demenz" kommt aus der lateinischen Sprache und bedeutet im weitesten Sinn soviel wie „ohne Geist" und ist eine Art Oberbegriff für sehr unterschiedliche hirnorganische Erkrankungen zu denen auch die Alzheimererkrankung gehört. Sie ist eine besondere Form der Demenz, die langfristig zum völligen Verlust hirnorganischer Funktionen führt. Ein an Demenz leidender Mensch reagiert verwirrt, aber nicht jeder Verwirrte ist dement. Verwirrtheitszustände können auch andere Ursachen haben, worauf schon im Zusammenhang mit dem Thema Ernährung in Kapitel 5 hingewiesen wurde. Hier soll nur eine allgemeine Unterscheidung helfen, die Konzentration auf die Alzheimererkrankung zu lenken, denn eine spezielle Differenzierung der Krankheitsbilder gehört in den Fachbereich Medizin bzw. Pflegetheorie.

Die folgende Übersicht kann als Warnzeichenliste bezeichnet werden und stellt normale Reaktionen von älteren Menschen im Verhältnis zu Alzheimerpatienten.

	Normale Reaktion	**Alzheimer**
Vergessen:	Jeder Mensch erlebt Situationen in denen er etwas vergisst oder vergessen hat, kann sich aber dann zu einen anderem Zeitpunkt wieder erinnern.	Alzheimerpatienten fragen immer wieder das Gleiche, obwohl sie eine Antwort bekommen haben.
Orientierung:	In fremder Umgebung ist es möglich, sich zu verlaufen.	Alzheimererkrankte verirren sich in vertrauter Umgebung.
Zeitgefühl:	Es ist möglich, einen Wochentag zu verwechseln, was aber durch Nachfragen korrigiert werden kann.	Die Orientierung an der Uhr, am Kalender oder den Jahreszeiten geht verloren.
Abstraktes Denken:	Wer z. B. eine Telefonnummer vergessen hat kann nachschlagen.	Zahlen und Nummern können nicht mehr gedeutet werden.
Gegenstände verlegen:	Wer unkonzentriert aufräumt, kann auch im gesunden Zustand etwas verlegen, dann aber gezielt danach suchen.	Alltagsgegenstände erhalten keinen sinngebenden Platz mehr. So kann ein Bügeleisen in der Tiefkühltruhe liegen.

	Normale Reaktion	**Alzheimer**
Wortfindungsstörungen:	Ein gesunder Mensch kann einen Gegenstand, dessen Bezeichnung ihm nicht einfällt, mit anderen Worten umschreiben.	Plötzlich ist die richtige Bezeichnung für einen Gegenstand nicht mehr möglich. Z. B. ist eine Zahnbürste „das Ding da in meinem Mund".
Alltagprobleme:	Vergesslichkeit im Alltag kommt bei älteren Menschen vor, kann aber korrigiert werden. Ein vergessener Kochtopf z. B. ruft sich durch angebrannten Geruch in Erinnerung.	Der Erkrankte beginnt zu kochen und vergisst dann, was er tun wollte. Er weiß z. B. nicht mehr in welcher Reihenfolge Bekleidungsstücke angezogen werden.
Wiederholungen:	Ältere Menschen erzählen grundsätzlich gerne Geschichten, aber nicht mit den Symptomen eines Erkrankten. Sie erzählen, was ihnen wichtig erscheint.	Alzheimererkrankte erzählen in kurzer Zeit wiederholt die gleiche Geschichte der selben Person. Oft vergessen sie auch den Sinn der Geschichten.
Persönlichkeitsveränderung:	Jeder Mensch hat mal „einen schlechten" Tag oder kann verstimmt sein.	Stimmungen, wie Unruhe, Reizbarkeit, Misstrauen oder Angst, können innerhalb kürzester Zeit wechseln.
Desinteresse:	Für gesunde ältere Menschen ist Fernsehen Unterhaltung und Zeitvertreib. Viele haben Lieblingssendungen.	Alzheimererkrankte sitzen stundenlang vor dem Fernseher, ohne zu verstehen, was sie anschauen.

Lernziel

Die Zahl der Alzheimererkranken ist in den letzten Jahren gestiegen. So ist es für einen Mitarbeiter in der Altenhilfe unerlässlich, über dieses Krankheitsbild Bescheid zu wissen, Verständnis zu entwickeln und angemessene Umgangsformen zu lernen. Dieses Kapitel widmet sich dieser Krankheit unter dem besonderen Gesichtspunkt der Angst. Nur wer sich mit seinen eigenen Ängsten beschäftigt, sich ihnen bewusst stellt, kann Verständnis für die Ängste anderer entwickeln, auch für die Ängste älterer Menschen, die an Alzheimer erkranken.

10.1.1 Fallbeispielgeschichte: Mein Vater

Ausgangspunkt für die Arbeit in diesem Kapitel ist der Film: „Mein Vater“ (Deutschland, 2002) mit den Schauspielern Götz George und Klaus J. Behrendt. Er ist auf DVD zum Kauf oder Ausleihe erhältlich.

Der Film erzählt auf sehr sensible Weise die Geschichte des Busfahrers Richard, der an Alzheimer erkrankt und wie sehr sein Umfeld, vor allem sein Sohn mit dessen Familie, davon mitbetroffen ist. Es gibt innerhalb des Films unterschiedliche Handlungsebenen. Zum einen wird komprimiert, aber äußerst wirklichkeitsnah der Krankheitsverlauf nachgezeichnet. Zweitens schildert er die sich wandelnde Beziehung zwischen Vater und Sohn und Drittens zeigt er die ganze Dramatik der Belastungen für eine Familie, die mit dieser Krankheit umgehen muss, als sie sich entscheidet, dass der erkrankte Vater bzw. Großvater bei ihnen einzieht.

Arbeitsauftrag:

1. *Bitte betrachten Sie diesen Film unter dem Gesichtspunkt der Angst.*
2. *Wer hat in welchen Situationen Angst und wovor?*
3. *Bitte machen Sie sich dazu Notizen und tragen Sie diese später in der Klassengemeinschaft zusammen.*

Angst des Vaters im Krankheitsverlauf:	Ängste in der Beziehung zwischen Vater und Sohn:	Ängste in der Familie:

4. *Was haben Sie, außer über Ängste, noch gelernt?*
5. *Was hat Sie besonders berührt, was betroffen gemacht?*
6. *Wie würden Sie sich in einer solchen Situation entscheiden?*
7. *Halten Sie Ihre Ergebnisse fest.*

Ergebnissicherung:

10.2 Angst: Was macht sie mit einem Menschen?

Grundsätzlich ist Angst ein gesunder Schutzmechanismus. Jeder Mensch nimmt sich vor Umständen, Menschen oder Dingen in Acht, die er nicht überblicken kann. Wenn unser Leben bedroht ist, reagieren wir mit Angst und Fluchtverhalten, um uns zu retten. Alles Neue, Unvertraute bedeutet Verunsicherung und auch darauf können Menschen ängstlich reagieren, wenn sie sich dem, was auf sie zu kommt, nicht gewachsen fühlen. Panische Angst hingegen kann einen Menschen völlig handlungsunfähig machen, so dass er z. B. zu seinem Selbstschutz nicht mehr fliehen kann, sondern starr vor Schreck reagiert. Es gibt auch Formen von Angstreaktionen als Ausdruck von seelischen Störungen, um die es hier aber nicht gehen soll. Eine Lebenssituationen wird besonders schwierig, wenn nicht mehr „ich die Angst habe", sondern „die Angst mich hat", wie eine Redewendung so treffend ausdrückt. Bei einem an Alzheimer erkrankten Menschen geht die Fähigkeit verloren, Lebenszusammenhänge zu verknüpfen und zu verstehen, also steigt auch das Empfinden der Bedrohung, was zu Verunsicherung und letztlich Angst führt. Wenn dieses Gefühl übermächtig wird und die ganze Umgebung mit einschließt, ist verständlich, warum Alzheimerpatienten manchmal nur noch schreien. Wer lernen will, mit diesen Menschen umzugehen, muss die oben erwähnten Tatsachen verstehen, Informationen sammeln, Verständnis und Gelassenheit entwickeln, vor allem aber muss er sich seinen eigenen Ängsten stellen.

Das nebenstehende Bild „Der Schrei" von Edvard Munch ist 1893 entstanden. Der norwegische Künstler hat sich wie kaum ein anderer in seiner Zeit mit der menschlichen Angst beschäftigt und sie in seinen Werken im wahrsten Sinne des Wortes „bearbeitet". Schreien als existenzielle Äußerung für Einsamkeit, Bedrohung und Leid ist in diesem Bild wörtlich und symbolisch zu verstehen. Die Verzweiflung im Gesicht überträgt sich auf die gesamten Linien der Umgebung. Damit ist dieses Kunstwerk ein Sinnbild und gute Verbindungsmöglichkeit zwischen der Auseinandersetzung mit der eigenen Angst und der im Film erlebten. Auf den verschiedenen Handlungs- und Beziehungsebenen haben Menschen dort Angst oder Ängste. So z. B. die panische Angst des Betroffenen, als er spürt, er kennt sich in der Umgebung nicht mehr aus, oder die Angst des Sohnes vor Überforderung im Zusammenleben.

Edvard Munch: Der Schrei, 1893

Arbeitsauftrag:

1. *Bitte machen Sie sich Gedanken darüber, was Ihnen ganz persönlich Angst macht oder wovor Sie Angst haben. Sie müssen das nicht offen besprechen.*
2. *Auf einem DIN-A3-Blatt zeichnen Sie bitte mit Bleistift etwa in der Mitte die Konturen des schreienden Gesichtes von Edward Munch nach und gestalten dann das Umfeld mit Linien und Kurven. Malen Sie mit Acrylfarben. So entsteht Ihr ganz persönliches „Schreibild".*
3. *Versuchen Sie bitte, nach der Fertigstellung zu reflektieren, was diese Arbeit bei Ihnen bewirkt und machen Sie sich dazu als Ergebnissicherung Notizen.*

Ergebnissicherung:

10.2.1 Sicherheit und Geborgenheit

In dem Maße, wie sich ein Mensch mit seinen eigenen Ängsten beschäftigt, erkennt er, dass das „Gegengewicht" zu Angst und Verunsicherung die Geborgenheit ist. Das Gefühl von Aufgehobensein zu vermitteln ist eine der wichtigsten Aufgaben im Umgang mit Alzheimerpatienten. Verständnis, die Bereitschaft sich auf die „andere Welt", in der die Patienten leben, einzulassen, Zuwendung und tagesstrukturierende Maßnahmen sind wichtige Rahmenbedingungen, die Sicherheit und Geborgenheit vermitteln. Unruhe, Ungeduld und Reizüberflutung, Zeit- oder Leistungsdruck helfen niemandem. Angemessener Umgang mit schwierigen Verhaltensweisen ist nicht leicht, weil die Zahl der Schwierigkeiten ständig wächst. Es häufen sich Vergesslichkeit, gefährliche Situationen, Verständigungsprobleme, ständiges Hinterherlaufen, Weglaufen und Umherwandern, Suchen, Kramen, Sammeln, Beschuldigungen, peinliches Verhalten beim Essen und Trinken, Ankleiden und Körperpflege, Stimmungsschwankungen und nächtliche Unruhe. Vielen Alzheimererkrankten tut Unterhaltung gut, wie Spielen und Musik, besonders das Singen oder Summen von alten Kinderliedern. Manchmal ist im Umgang mit den Patienten nicht nur Verständnis gefragt, sondern spontaner Einfallsreichtum und Humor, wie die nachfolgenden Beispiele belegen.

Herr B. ist sehr unruhig. Immer läuft er zum Fenster, packt seine Reisetasche ein und aus. Schon zweimal ist er aus dem Pflegeheim weggelaufen, weil er zum Hafen will. Der Ort, in dem er lebt, hat keinen Hafen, aber Herr B. war vor vielen Jahren Lastkahnschiffer auf der Oder. Er wird sehr aggressiv, wenn er nicht „zum Hafen" kommt. Eines Morgens steht er mit seinem Schlafanzug im Flur, in der Tasche hat er sein Rasierzeug und auf dem Kopf seine Schiffermütze. Es ist ein sehr kalter Winter und viele Wasserstraßen sind zugefroren. Er will wieder los. Bis ein junger Zivildienstleistender den Einfall hat, ihm zu erzählen, dass die Oder zugefroren sei und die Schiffe gar nicht fahren könnten. (Durch einen Fernsehbericht hatte er erfahren, dass die Oder an vielen Stellen wirklich zugefroren war.) Mit dieser Nachricht trat der Zivildienstleistende in „die Welt" von Herrn B. ein. Ein paar Tage lang fragte er immer wieder, „ob die Oder noch Eis hat", aber seine Unruhe war etwas geringer geworden.

Frau W. war früher Schalterbeamtin bei der Post. Als die Angehörigen sie nicht mehr betreuen konnten und es auch Grenzverletzungen gab, weil sie Frau W. am Bett festgebunden hatten, kam sie in ein Pflegeheim, was ihren gesundheitlichen Zustand sehr verschlechterte. Sie war trotz Bettlägerigkeit extrem unruhig und erkannte ihre Familienangehörigen nicht mehr. Schlagartig änderte sich ihr Zustand zum Besseren, als einer der erwachsenen Enkel der Großmutter eine Kinderpost schenkte. Von dem Tag an ging es Frau W. gut, wenn sie kleine Briefmarken kleben konnte, mit den Stempeln hantierte und Formulare ausfüllte.

Lange Zeit war über Alzheimer wenig bekannt. Inzwischen gibt es die unterschiedlichsten Institutionen, die gutes Informationsmaterial auch für Angehörige herausgeben. Ganz vorne ist die Deutsche Gesellschaft für Alzheimererkrankung zu nennen und der Verein „Altern in Würde". Beide Institutionen sind auch über das Internet zu erreichen.

Arbeitsauftrag:

Für diesen Arbeitauftrag benötigen Sie verschiedene Illustrierte oder Zeitschriften, in denen viel Bildmaterial oder Werbung enthalten ist. Auch Kataloge sind hilfreich.

1. *Arbeiten Sie bitte mit einem Partner und erstellen Sie jeweils zwei Collagen.*
2. *Die eine setzt sich mit dem Thema Angst oder Ängste in unserer Gesellschaft auseinander und als Kontrast sollte die andere Bilder und/oder Symbole enthalten, die Sicherheit und Geborgenheit vermitteln.*
3. *Stellen Sie Ihre Arbeiten in der Klassengemeinschaft vor.*
4. *Zu welchen gemeinsamen Ergebnissen kommen Sie?*
5. *Gibt es etwas, das allen oder vielen Angst macht und etwas, das den meisten das Gefühl der Geborgenheit vermittelt?*

Ergebnissicherung:

Fazit

- Jeder Mensch hat Ängste.
- Das Wahrnehmen der eigenen Ängste schafft Zugang zu denen anderer.
- Die Ängste von Alzheimerpatienten sind komplex.
- Beständigkeit in den Lebensverhältnissen sind wichtig.
- Familien, die Angehörige pflegen, brauchen Entlastung und Unterstützung.
- Medikamente können den Verlauf der Krankheit verlangsamen, aber nicht aufhalten.
- Alzheimer ist nicht heilbar.

Merksatz

Auch ein verwirrter Mensch behält bis zuletzt seine Würde und sollte so behandelt werden.

Literaturhinweis:

Aldebert, Heiner; Ammon, Johannes; Grünert, Sabine; Kolb, Herbert; Laabs, Claus; Miederer, Gertrug; Wild, Klaus: Oma lebt in einer anderen Welt. Demenz wahrnehmen Verständnis entwickeln Zusammenleben gestalten, herausgegeben vom Religionspädagogischen Zentrum Heilbronn, 2006.

Literaturverzeichnis

Arens-Azevedo, Ulrike/Behr-Völtzer, Christine: Ernährung im Alter, Hannover, Vincentz Verlag, 2002,

Deutsche Gesellschaft für Ernährung e. V. (DGE): Vollwertig essen und trinken nach den 10 Regeln der DGE", online verfügbar unter http://www.dge.de/pdf/10-Regeln-der-DGE.pdf [01.09.2008],

Duden: Fremdwörterbuch, 2. Auflage, bearbeitet von Karl-Heinz Ahlheim, Bibliographisches Institut, Mannheim, 1971.

Hellwig, Gerhard: Das Buch der Zitate. 15.000 geflügelte Worte von A–Z, München, Mosaik Verlag GmbH, 1981,

Heer, Josef/Knorr, Ernst-Lothar/Rabsch, Edgar: Musik im Leben. Schulwerk für die Musikerziehung, 16. Auflage, Frankfurt am Main, Verlag Moritz Diesterweg, 1967,

Roth, Eugen: Sämtliche Menschen, München/Wien, Carl Hanser Verlag, 1983,

Bildquellenverzeichnis

© Bildungsverlag Eins, Troisdorf/Oliver Wetterauer, Stuttgart: S. 25
© Bildungsverlag Eins, Troisdorf/Angelika Brauner, Hohenpeißenberg: S. 30, 90, 91
© Walter Fritz, Löhne: S. 35
© Schweizerische Brotinformation SBI: S. 43
© MEV Verlag, Augsburg/Graeme Nicholson: S. 62
© tournee – Fotolia.com: S. 93
© picture-alliance/dpa: S. 96
© The Munch Museum/The Munch Ellingen Group/akg-images/VG-Bildkunst Bonn, 2008: S. 107

Die Abbildungen auf folgenden Seiten wurden freundlicherweise von unserer Autorin Edeltraut Freigang zur Verfügung gestellt: S. 11, 14, 18 (2x), 81 (4x), 82, 83, 84, 86, 88

Stichwortverzeichnis

G

H

I

J

K

P

Q

R

S

Unterrichtsthemen aus Sozialpflege und Sozialpädagogik

Die Reihe bietet Arbeitsmaterialien zu verschiedenen Bereichen der Ausbildung. Jedes Heft erarbeitet ein spezielles Thema und ist direkt im Unterricht einsetzbar. Die Arbeitsblätter enthalten Lernsituationen zum Einstieg, Anregungen zur persönlichen Auseinandersetzung mit dem Thema, Merksätze sowie weiterführende Aufgaben, Literaturhinweise und Internetlinks. Sie können von den Schüler/-innen im Heft ausgefüllt werden.

Kratz

Körperpflege kompetent durchführen

DIN A4
Bestell-Nr. **40475** € 12,95
Erscheinungstermin: April 2009

Lösungsheft
Bestell-Nr. **40474** € 9,95

Schäper, Wilmes

Sterben und Tod

DIN A4
Bestell-Nr. **40476** € 12,95
Erscheinungstermin: November 2009

Biermann

Gesundheit

DIN A4
Bestell-Nr. **40477** € 12,95
Erscheinungstermin: April 2009

Lösungsheft
Bestell-Nr. **40470** € 9,95

Bildungsverlag EINS

Bestellungen und Anfragen: 02241 3976-101
Inhaltliche Fragen: 02241 3976-102
Telefax: 02241 3976-191 · E-Mail: info@bv-1.de
www.bildungsverlag1.de

Preisstand: 2009